CASAIS QUE LUCRAM

CARO LEITOR,

Queremos saber sua opinião sobre nossos livros.
Após a leitura, curta-nos no facebook/editoragentebr, siga-nos no Twitter@EditoraGente e visite-nos no site www.editoragente.com.br.
Cadastre-se e contribua com sugestões, críticas ou elogios.

Boa leitura!

Deborah Price

CASAIS QUE LUCRAM

UM GUIA PARA DESENVOLVER A INTIMIDADE FINANCEIRA

Tradução: Danyelle Sakugawa

Gente editora

Gerente Editorial
Mariana Rolier
Editora
Marília Chaves
Editora de Produção Editorial
Rosângela de Araujo Pinheiro Barbosa
Controle de Produção
Fábio Esteves
Tradução
Danyelle Sakugawa
Preparação de Texto
Gabriela Ghetti
Projeto Gráfico
Neide Siqueira
Editoração
Join Bureau
Revisão
Salete Milanesi Brentan
Capa
Maurélio Barbosa
Impressão
Assahí Gráfica

Título original: *The heart of money*

Publicado pela primeira vez nos Estados Unidos pela New World Library.

Rua Pedro Soares de Almeida, 114
São Paulo, SP – CEP 05029-030
Telefone: (11) 3670-2500
Site: http://www.editoragente.com.br
E-mail: gente@editoragente.com.br

Dados Internacionais de Catalogação na Publicação (CIP)
(Câmara Brasileira do Livro, SP, Brasil)

Price, Deborah L.
Casais que lucram : um guia para desenvolver a intimidade financeira / Deborah L. Price ; tradução Danyelle Sakugawa. – São Paulo : Editora Gente, 2013.

Título original: The heart of money.
ISBN 978-85-7312-846-8

1. Casais – Finanças pessoais 2. Dinheiro – Aspectos psicológicos 3. Finanças pessoais – Aspectos psicológicos 4. Homem-mulher – Relacionamento 5. Pessoas casadas – Finanças pessoais I. Título.

13-03672 CDD-332.024

Índices para catálogo sistemático:

1. Casais : Finanças pessoais : Economia 332.024

Para minha filha, Anjelica Price-Rocha,

e meu marido, Roberto Coleman,

por me ensinarem o verdadeiro significado da vida.

Agradecimentos

Fui muito abençoada na minha vida por ser rodeada pelo amor e apoio de amigos e familiares. Essas são as pessoas com quem sei que posso contar, que sempre me apoiarão, e sem as quais a minha vida não seria a mesma. Minha gratidão sincera vai para os seguintes companheiros.

À minha filha, Anjelica Price-Rocha, por sua sabedoria e habilidosa escrita e edição. Ao meu marido e melhor amigo, Robert Coleman, por seu apoio incondicional, sua ajuda editorial e suas opiniões honestas na condição de meu "editor particular".

Ao meu sócio e amigo, Steven "Shags" Shagrin, por ler incansavelmente meus rascunhos, por sua amizade e por seu apoio ao longo do tempo.

Às minhas maravilhosas amigas: Marian Morioka a Carol Bell, que me alimentaram, me amaram e que me proporcionaram muitos momentos de diversão; e à

Donna Colfer, Karen Harvey e Molly Light, por serem amigas tão queridas e trazerem amor e luz ao meu mundo.

À Leslie Gainer, por sua amizade, sabedoria e olhares nos momentos em que eu mais precisei.

À Lili Goodman-Freitas e Greg Freitas, pelo amor, pela luz e pelas risadas que trouxeram às nossas vidas.

Ao Dr. Preston e à Frieda Wright, por sempre saberem o que dizer e o que fazer quando precisei.

À Marge Abrams, Stephan Islas, Brenda Ferreira e David Seligman, por sempre estarem ao meu lado.

À Janet Rosen e Sheree Bykofsky, por serem os melhores agentes que um escritor poderia desejar.

E, finalmente, meu amor e minha gratidão à minha editora, Georgia Hughes, e à New World Library, por sempre acreditarem em mim e apoiarem minhas ideias.

A paixão nunca poderá comprar o que o amor verdadeiro deseja:
verdadeira intimidade, disposição e compromisso.

Autor desconhecido

SUMÁRIO

Prefácio

Como psicóloga clínica, no início tive um pouco de ceticismo com relação a Deborah Price e o Money Coaching Institute. Lá estava uma mulher sem formação em psicologia, batendo de frente com um grande tabu: o dinheiro e nossa relação com ele. Seu primeiro livro, *Terapia do dinheiro* (Best-seller, 2001), afirma ajudar pessoas a transformar sua relação com dinheiro não só da perspectiva prática como também por meio de alguns princípios psicológicos, em direção a uma vida com mais metas e prosperidade. Durante minha leitura, rapidamente me livrei daquele ceticismo, e nesses últimos cinco anos em que conheci e trabalhei com a Deborah passei a respeitá-la e a me impressionar cada vez mais com sua sabedoria e habilidade ao lidar com seus clientes em terapia financeira. Deborah é uma professora e consultora experiente, com uma aptidão incrível para comunicar informações complexas de um jeito fácil de entender e de colocar em prática.

Durante meus estudos em psicologia e ao longo de minha carreira nesse campo, eu me surpreendi pela falta de atenção dada aos impactos emocionais que o dinheiro tem na nossa vida. Raramente os terapeutas se especializam em auxiliar clientes em sua relação com dinheiro, e frequentemente falham ao tratar desse assunto. Da mesma forma, a maior parte dos especialistas em finanças não tem nem conhecimento nem treinamento para lidar com o lado emocional de seus clientes, discutindo seus medos, sentimentos, ou seus padrões inconscientes de comportamento. Poucas vezes discutimos francamente sobre escolhas financeiras até mesmo nas nossas relações mais íntimas e confiáveis, com nossos parceiros. Apesar de sua importância, existe um enorme vazio na hora de explorarmos nosso relacionamento com dinheiro, na motivação de nosso comportamento financeiro, e nas escolhas – muitas vezes inconscientes – que fazemos sobre o uso do dinheiro. Essa realidade tem impactado nossa situação financeira atual, tanto no nível micro quanto no macro, a ponto de o dinheiro ser a principal causa para divórcios e para a crise de alguns países.

Dinheiro é uma das razões mais fortes pela qual casais brigam, seja qual for sua classe social. Isso não é surpresa ao pensar no pouco conhecimento sobre o assunto que a maior parte das famílias possui. Qualquer assunto que não é discutido abertamente – quando as pessoas podem pensar sobre seus valores e objetivos, suas opiniões e regras adquiridas, e como elas agiriam – fica limitado a reações cegas e confusas. Um relacionamento impulsivo com dinheiro não é benéfico a indivíduos, casais, famílias, comunidades nem a nossa sociedade global, e tem consequências inimagináveis.

É hora de quebrar esse tabu e discutir abertamente sobre dinheiro. Ao demonstrar conhecimentos profundos do comportamento humano, motivação e experiência prática a fim de criar e manter o sucesso financeiro, Deborah Price é pioneira no assunto com um trabalho imprescindível tanto no campo da psicologia quanto no planejamento e aconselhamento financeiro. Seus livros e treinamentos profissionais conduzidos por meio do Money Coaching Institute oferecem um processo passo a passo para identificar, compreender e transformar a relação de um indivíduo com seu dinheiro, proporcionando conscientização financeira a fim de se tornar bem-sucedido.

Uma relação saudável com suas finanças requer a habilidade de avaliar rapidamente a situação e, a partir de suas especificidades, tomar uma decisão eficaz. Para fazer isso, precisamos conhecer as características dos vários perfis que Deborah Price descreve em seu livro, assim como nosso histórico com as finanças, a fim de compreendermos os padrões a que somos condicionados e adotarmos comportamentos mais vantajosos. Também precisamos compreender o perfil por trás das atitudes das outras pessoas, para que nosso próprio comportamento nos ofereça resultados positivos. Esse é o segredo deste livro, no qual Deborah Price ajuda o casal a trabalhar em conjunto rumo à transparência e intimidade financeira, melhorando sua relação e sua interação com o dinheiro. Ao aplicar a técnica "modelo de perfil" que ensinamos no Money Coaching Institute no Wealth Legacy Group, observamos mudanças significativas nos resultados de nossos clientes. Casais trabalhando juntos com mais eficiência e de um modo surpreendentemente simples, mas ainda assim em uma poderosa dinâmica na relação com o dinheiro.

Cada indivíduo ou casal que ler este livro e tomar decisões mais conscientes em relação a seu dinheiro notará um impacto muito positivo na maneira de lidar com seu dinheiro e, por extensão, com a economia global. Agradeço antecipadamente a você por contribuir com essa tão necessária mudança.

Jamie Traeger-Muney, PhD
Fundador, Welth Legacy Group

Introdução

Dinheiro, amor, sexo... Qualquer um desses assuntos traz consigo uma série de emoções e experiências complexas que nós, seres humanos, temos batalhado para desvendar durante a história. Misturar os três representa talvez o maior desafio conhecido ao homem. Não é à toa que assuntos financeiros são a maior fonte dos conflitos nos relacionamentos! Mesmo antes da crise financeira, mais de 50% dos casamentos nos Estados Unidos acabavam em divórcio. Com a atual recessão e crescente pressão financeira que os casais têm enfrentado, é muito provável que os conflitos financeiros cresçam e, consequentemente, o número de divórcios.

O assunto dinheiro ainda é um grande tabu que as pessoas insistem em evitar. Tanto casais que estão em relacionamentos sérios quanto os já casados só terão uma relação verdadeiramente íntima e saudável quando estiverem dispostos a discutir abertamente suas finanças, bem como seus desejos, suas necessidades e suas expectativas financeiras. Intimidade financeira requer empenho para ser transparente e vulnerável; ser visto como se realmente é; dividir medos e segredos; e amar um ao outro incondicionalmente, mesmo com os defeitos de cada um. É preciso uma pessoa emocional e financeiramente madura para alcançar esse tipo de intimidade. Enquanto muitas possuem maturidade emocional, poucas são maduras financeiramente a ponto de lidar bem com esse assunto sem nenhum tipo de ajuda. Atingir esse nível de conscientização financeira é difícil para a maioria das pessoas (imagine para um casal), e é por isso que enfrentamos tantos conflitos nos nossos relacionamentos.

Dinheiro é essencial para a sobrevivência. Quando ficamos ansiosos ou estressados com as finanças pessoais, geralmente perdemos o foco. Pressões financeiras prolongadas também resultam em problemas com o parceiro; abuso de álcool e drogas; e, infelizmente, uma taxa crescente de casos de depressão e suicídio. De acordo com o Centro de Serviços Sociais Financeiros, problemas com dinheiro são a principal causa de:

- estresse;
- divórcios;
- depressão, ansiedade e insônia;
- abuso e violência;
- excesso de álcool e drogas.

Além de desencadear:

- sensação de opressão e imobilidade;
- sentimentos de falta de esperança, vergonha, isolamento e vulnerabilidade;
- uma montanha-russa emocional que arrasa com a capacidade de tomar decisões e lidar com situações diversas;
- distração, raiva, irritabilidade, erros e acidentes.

A questão é: se não nos sentimos seguros com nossas finanças e com nosso relacionamento, não podemos experimentar a verdadeira intimidade financeira. Para isso, precisamos aprender antes como comunicar aberta e honestamente nossas esperanças, nossos medos, desejos e nossas necessidades. Sem intimidade e segurança financeira, faltarão em nosso relacionamento os fundamentos necessários para superar os desafios que frequentemente encontramos durante a vida. Principalmente quando o mundo está passando por crises financeiras, os relacionamentos também estão presenciando crises de fundamento, e as consequências de ambos podem ser drásticas. Mesmo antes da crise, casais se estressavam com o acúmulo de dívidas, financiamentos que parecem não ter fim e falência.

Quando o dinheiro é escasso, é fácil ficar com os nervos à flor da pele, e é por isso que muitos casais reagem impulsivamente. Quando passamos por situações de extrema tensão, o cérebro ativa respostas extremas, o que não costuma funcionar bem em nossos relacionamentos. Como podemos aprender a não frustrarmos nós mesmos, nossa família e nossos filhos quando os desafios pessoais e globais continuam trazendo à tona os problemas financeiros mal resolvidos? Nossos problemas com dinheiro não vão mudar ou desaparecer de repente simplesmente porque a economia melhorou ou porque resolvemos sair do relacionamento. O divórcio é, na maioria das vezes, um simples paliativo, e não uma solução para os problemas financeiros. Como Confúcio disse: "Não interessa o que se levará a termo, o que interessa é perseverar até o fim". Para muitos casais, as coisas devem piorar, principalmente para as mulheres. Mulheres, particularmente mães solteiras, tendem a ser mais prejudicadas do que os homens com relação ao dinheiro depois do divórcio. Não que eu acredite que casais devam permanecer casados simplesmente pela segurança financeira. Entretanto, muitos casamentos podem ser salvos se os parceiros conseguirem resolver seus problemas financeiros escondidos e se puderem se comunicar com mais calma e reflexão, em vez de reativa e impulsivamente.

Terapia financeira: é disso que o mundo precisa

A lista de "distúrbios financeiros" parece crescer mais a cada dia. Alguns problemas que encontramos são consumo compulsivo, infidelidade financeira, hábito de contrair dívidas, acumulação, gastos excessivos, desperdício, fobia de dinheiro, vício em jogos, insatisfação com salários e compulsividade pelo trabalho. Todos nos sentimos vulneráveis quando o assunto é dinheiro. As finanças são uma parte de nossa vida sobre a qual às vezes temos a sensação de perder o controle, ou de ficar à mercê das ações de terceiros. O fato de nos tornarmos tão facilmente reativos quando se trata de dinheiro não é uma surpresa quando consideramos que a maioria das pessoas não recebeu treinamento ou educação financeira apropriadas. Como podemos nos sentir seguros, salvos e confiantes quando nos faltam as ferramentas necessárias para tomarmos boas decisões financeiras e para nos sentirmos no controle de nossas finanças?

Talvez seja a hora de uma terapia financeira. Se temos um problema no encanamento, não hesitamos em chamar um encanador. Se temos um problema de saúde, vamos ao médico. Se temos problemas financeiros, merecemos a ajuda e orientação de um profissional também. Dinheiro afeta todos os aspectos de nossa vida, e mesmo assim sabemos muito pouco sobre nossa relação com ele. Não está na hora de curarmos nosso relacionamento com o dinheiro?

Conforme nos tornamos mais conscientes de nossos padrões e comportamentos com dinheiro, podemos tomar decisões mais saudáveis. Esse é um ótimo primeiro passo na direção de criar um novo legado financeiro para nós mesmos e nossos filhos – um legado construído com consciência, conhecimento e poder em vez de estresse, medo, desconfiança ou dependência. Mas antes precisamos começar a entender e curar nosso relacionamento com o dinheiro. E uma coisa é certa: se sobrevivermos – individual e coletivamente – e prosperarmos novamente, precisamos confrontar essa barreira e trazer abertamente à mesa o assunto das finanças de uma vez por todas. É hora de mudar nosso paradigma financeiro coletivo. Ao longo deste livro, você descobrirá estratégias e soluções altamente eficazes para ajudá-lo a iniciar seu processo de cura financeira e para consolidar a intimidade na sua relação. Minha intenção é oferecer ajuda e esperança a casais e suas famílias em todos os lugares, uma vez que testemunhei os mesmos problemas financeiros e dinâmicas familiares em todo o mundo. Este livro o fará descobrir e desbravar sua dinâmica financeira – e, ao fazer isso, você poderá viver uma vida com mais propósito e mais habilidade monetária. Acredito que a partir do momento em que o casal desenvolve comunicação e intimidade financeira, pode conversar sobre qualquer outro assunto.

Nota para o leitor

Você perceberá que ao longo deste livro há referências a Deus, Origem e Espírito, ou a expressão que também uso bastante, "um Poder Maior". Não há inclinação religiosa neste livro. A natureza humana é minha religião. Então, se uma pessoa acredita em Deus é um assunto pessoal, e eu respeito isso em todos. Meus clientes vêm de diferentes jornadas espirituais: eles são cristãos, judeus, mulçumanos, budistas, católicos, siques, hindus, assim como céticos. Todos eles sabem que eu reconheço sua relação com Deus. Tudo o que faço tem um lado espiritual, e você perceberá isso ecoar no decorrer destas páginas. Eu entendo se você quiser aceitar ou ignorar minhas perspectivas espirituais, pois elas são oferecidas a você sem nenhuma intenção ou compromisso.

Este livro irá ajudar você e seu parceiro a determinar as crenças e os padrões financeiros por meio de exercícios projetados para explorar, conversar e compreender um ao outro. Cada capítulo deste livro inclui trechos e exercícios das consultorias com clientes reais. Sugiro que você realize esse trabalho em conjunto e que ambos façam anotações ao longo do processo. Os exercícios de cada capítulo foram projetados para auxiliá-los a trabalhar em conjunto e discutir a experiência conforme avançam. Minha intenção é fazer com que os casais que leiam este livro descubram maneiras novas e saudáveis de se comunicar quando o assunto é dinheiro, amor e relacionamento. Podemos encarar o dinheiro como uma "sombra" ignorada ou examiná-lo profundamente dentro de nós mesmos e assumirmos a responsabilidade por nossas escolhas e nosso destino.

Nenhum fracasso, seja sobre dinheiro ou amor, é simples; é sempre um tipo de traição, de ocultar fatos, de esperanças ora compartilhadas.

Greil Marcus, *Mistery train*

1 Dinheiro: O último tabu

Se você prestar bem atenção, verá que hoje os distúrbios econômicos coletivos estão localizados na raiz dos grandes problemas que temos enfrentado. Ganância, consumismo desenfreado, exploração do meio ambiente, pobreza em massa, gastos militares abusivos e a crise financeira global levaram muitos ao fundo do poço. Embora a recuperação dessa ressaca não seja fácil, nunca houve uma época tão conveniente para mudarmos nossa postura com relação ao dinheiro. Esse é o último tabu e o último horizonte na evolução da consciência humana.

A maioria dos relacionamentos passa por desafios ou conflitos sobre dinheiro em algum momento. Pela minha experiência, percebi que são poucos os casais que sabem como se comunicar de modo eficaz – o que dirá com compaixão e empatia – sobre esse assunto que exige tanto de nós. Não é à toa que tantos casamentos se desintegram e falham por causa de dinheiro. Discussões e conflitos sobre as finanças perduram como a principal causa do divórcio, que deixa não só sequelas econômicas como também um grande abalo emocional.

Quando deixados de lado, os problemas financeiros eventualmente causam estragos nas bases de confiança e intimidade de nosso relacionamento. Sem confiança, a intimidade não sobrevive, e sem intimidade o amor padece e morre. A boa notícia é que se os casais reconhecerem e lidarem com esses problemas a tempo – ou melhor, antes de morar juntos ou se casar – eles podem aprender a trabalhar em conjunto para curar suas diferenças financeiras.

Mas como fazer isso se sequer conversamos calma e racionalmente sobre esse assunto, que é um prato cheio para gerar conflitos e discussões? Esse é o desafio que espero ajudá-lo a superar. As estratégias de consultoria financeira e apoio neste livro irão ajudá-lo a encontrar a compreensão e a compaixão de que você precisa para viver o amor e a intimidade que o casal deseja.

Livre-se do tabu financeiro

De acordo com o *Dicionário Aurélio*, tabu é uma "restrição costumeira ou tradicional a certos comportamentos que, se praticados, recebem forte reprovação moral e social". Portanto, falar sobre um tabu é muitas vezes considerado errado ou de mau gosto. Nos últimos sessenta anos, demos o primeiro passo para explorar muitos tabus, como sexo, etnia, religião e política, e ao fazê-lo temos ampliado e evoluído nossa consciência tanto individual como coletiva. Como recompensa por esses esforços, percebemos uma maior abertura, mais aceitação e tolerância no mundo em geral.

Mas, de alguma forma, nossa relação com o dinheiro continua sendo um tabu muito inexplorado, e há provas mais do que suficientes para mostrar que isso vem nos fazendo mal. A dor emocional e financeira e as consequências das experiências dos casais têm custado muito aos relacionamentos. É hora de se libertar desse entrave e curar nossos problemas financeiros.

Encare a "sombra do dinheiro"

Qualquer área de nossa vida sobre a qual não falamos aberta e honestamente e sem medo pode se tornar uma "sombra" em nosso dia a dia. Na psicologia junguiana, a sombra representa uma parte de nossa mente inconsciente que contém aspectos reprimidos de nós mesmos. Carl Jung escreveu que "todo mundo carrega uma sombra, e quanto menos ela está incorporada na vida consciente do indivíduo, mais escura e densa ela é". Em termos monetários, a sombra representa padrões financeiros inconscientes ou comportamentos prejudiciais a nós mesmos ou para outros.

Um exemplo disso é quando uma pessoa investe secretamente uma grande soma de dinheiro sem o conhecimento de seu parceiro e depois perde o dinheiro, gerando muito prejuízo financeiro e sentimentos de traição. Já vi isso acontecer muitas vezes ao longo de minha carreira, e em cada caso as influências da "sombra" estavam presentes no parceiro que tinha investido em segredo. Em um dos casais que tratei, o aspecto sombra do marido tinha relação com uma raiva que sentia. Em vez de aprender a lidar e comunicar seu sentimento, ele reagiu com um comportamento secreto que no fim das contas sabotou suas finanças e sua relação. Felizmente, eles foram capazes de curar e resolver essa traição, mas nem sempre as coisas terminam bem. Muitos casamentos fracassam em decorrência de influências "sombra" em um ou ambos os cônjuges, as quais se manifestam na maioria das vezes em comportamentos negativos, segredos ou traição.

Que estas histórias sirvam de advertência para todos nós, porque, na medida em que não estamos dispostos a superar o tabu financeiro, deixamos essa "sombra" dentro de nós assumir o controle. Todos os dias ouvimos notícias sobre um indivíduo (ou empresa – eles têm seus próprios aspectos de sombra) que cometeu um ato que ninguém imaginava, nem poderia imaginar. Esses acontecimentos são sempre seguidos por comentários como: "Mas ele era um cara tão legal, o que aconteceu?". Nossa "sombra financeira" está geralmente escondida dentro nós. A maioria de nós se esforça para controlar essas tendências, mas quando somos diretamente atingidos acabamos descobrindo a "sombra" do outro.

Nos relacionamentos, a sombra financeira pode aparecer de diversas maneiras, mas talvez a mais comum seja a infidelidade. De acordo com uma pesquisa realizada pela Fundação Nacional de Educação Financeira dos Estados Unidos, mais de 58% dos entrevistados relataram que já esconderam dinheiro ou uma compra de seu cônjuge. Mais de 34% indicaram que haviam mentido a seu companheiro sobre ganhos, dívida ou finanças. O que nos leva a fazer isso? Nossas próprias "sombras" financeiras. Como podemos mudar isso? Para começar, é preciso sair do armário financeiro, que é o primeiro passo para se libertar. Temos tudo a ganhar com isso, e cada vez mais a perder se continuarmos escondidos. Podemos realmente nos dar ao luxo de perder mais? Acho que não. Hoje, com milhões de pessoas entrando em crise financeira, o perigo está crescendo e as consequências são maiores do que nunca. Planejamento financeiro é apenas uma parte da solução adequada para os problemas de dinheiro que causam conflitos, autossabotagem e desarmonia nos relacionamentos.

Sempre que a porta de entrada para qualquer assunto ou questão está fechada ou fora de alcance, permanecemos presos do outro lado, sem acesso ao que poderia ser possível, incluindo soluções, compreensão e cura. Tabus são o terreno fértil para o medo, a limitação, os mal-entendidos e dor. Até arrombarmos a porta e começarmos a explorar a questão financeira, permaneceremos presos, com medo, e acuados. Quando essa porta for aberta, podemos começar a explorar e descobrir novas possibilidades. Poderemos aprender novas maneiras de ser, que nos permitem segurança o suficiente para viver e refletir de modo mais saudável e mais positivo.

Na maioria das famílias, quando ainda somos relativamente jovens, o dinheiro é estabelecido como um sistema de punição e recompensa. É aí que alguns de nossos padrões e crenças financeiras fincam suas raízes. No meio disso tudo acontece a gradual formação de uma crença de que somente se e quando somos "bons" nos tornamos dignos de receber o dinheiro. Em contraste, quando não somos "bons" ou até mesmo quando somos "maus", podemos desenvolver a falsa crença de que não somos dignos de ter ou receber dinheiro. Acredito que as pessoas mantêm um balanço inconsciente das coisas que fizeram de errado na vida, o qual serve como justificativa de não terem mais dinheiro, sucesso ou felicidade. Porém, esse balanço inconsciente é falho, simplesmente porque, como seres humanos, erramos. Se você está aqui, recebeu o dom da vida por uma razão e, portanto, é digno de todas as expressões possíveis da vida, incluindo dinheiro.

Quando o dinheiro (assim como a comida, um de nossos outros vícios) torna-se uma moeda de troca que os pais usam para manter os filhos comportados e dentro de suas necessidades e seus desejos, muita coisa pode dar errado. Essa forma de educar pode criar um padrão de contradição e confusão que é um desafio para a criança compreender e interpretar ao longo de sua vida. Outro efeito colateral desagradável dessa forma inconsciente e aparentemente benigna de manipulação é que essas crianças podem crescer e se tornar adultos que irão confundir facilmente sua autoestima e seu valor. Eles podem acreditar que conseguirão o que "merecem" ou "não merecem" como um reflexo direto de seu valor e de sua autoestima. Virginia Satir, uma das principais pioneiras da terapia familiar, escreveu: "Cada palavra, expressão facial, gesto ou ação por parte de um pai envia à criança alguma mensagem sobre autoestima".

O adulto que nos tornamos é em grande parte formado por aquilo que chamamos na consultoria de herança inconsciente. Herdamos os padrões financeiros de nossa família de origem, que são muitas vezes repletas de conflito e contradição.

Todos nós precisamos, exigimos e merecemos comida, abrigo, amor e até mesmo dinheiro para nos sentir seguros, crescer e prosperar. Essas necessidades básicas nunca devem ser negadas ou atendidas condicionalmente. Quando o dinheiro (ou alimento, abrigo ou segurança) é condicionalmente dado ou retirado de nós, podemos começar a acreditar que de alguma forma não somos dignos, o que pode danificar nossa autoestima. É fundamental compreender que, embora a maioria dos pais não tenha a intenção de prejudicar seus filhos dessa maneira, pais inconscientes muitas vezes vão produzir um resultado devastador. Vejo sinais disso todos os dias na minha prática, e conheço muitos adultos que não se sentem dignos de ter dinheiro porque sua autoestima não lhes permite imaginar muitas possibilidades. Essa é a principal razão pela qual a pobreza é tão profundamente arraigada e difícil de superar. Muitas pessoas simplesmente não têm espaço para expandir sua realidade financeira. A maioria claramente quer mais dinheiro. Infelizmente, muitos não possuem a crença de que são dignos dele. Isto pode explicar por que nove em cada dez ganhadores de loteria vão gastar ou perder todos os seus ganhos em cinco anos. Para as pessoas com padrões financeiros inconscientes, adquirir uma grande quantidade de dinheiro só piora a situação.

No momento em que atingimos a idade adulta, nos relacionamos e nos casamos, a nossa autoestima pessoal e financeira já está completamente formada. Qualquer que seja a modelagem ou as mensagens que recebemos durante nosso crescimento, elas tornaram-se padrões habituais e inconscientes no cérebro. Não sabemos muito sobre esse aspecto em nós mesmos ou em nosso companheiro até casarmos ou vivermos juntos e começarmos a compartilhar e lidar com dinheiro. Imagine esse cenário: Você é uma mulher recém-casada que gastou uma fortuna em seu casamento, o dia mais feliz de sua vida. Na verdade, você acabou de voltar de uma lua de mel maravilhosa no Havaí. Nenhum dos dois poderia estar mais feliz. Uma semana depois, as contas de seu casamento e da lua de mel chegam, e seu querido marido enlouquece com as despesas imprevistas. Ele fica irado e culpa você por não prestar atenção e extrapolar nas dívidas. Ele diz a você: "Acho que terei de cuidar do dinheiro a partir de agora, porque você claramente não é capaz! Para você, gastar é a solução! O que você acha – que somos feitos de dinheiro?". Você está assustada e confusa, pois nunca o viu agir assim! Você se sente envergonhada e com raiva também. "Por que ele está tão furioso?", você se pergunta. "É só dinheiro, e nós temos mais do que suficiente!" Você se sente muito ferida e insegura. Daquele dia em diante, você começa a esconder seus gastos por medo da ira e da reação de seu marido. E puf – lá se vai a intimidade! Ambos ficam na defensiva, e agora há uma distância invisível que cresce a cada compra secreta que você faz.

Então o que aconteceu? Em um piscar de olhos, seu marido inconscientemente assumiu o papel de seu pai ("Eu tenho de ser o homem e controlar o barco!"). E adivinha? Você está começando a se sentir como nos velhos tempos, de volta em casa com seu pai, o tirano que deu o dinheiro e retirou o dinheiro e amor com base no seu comportamento! De repente, você se tornou uma mulher equilibrada no exterior e uma adolescente rebelde no interior. *Déjà-vu*? Não, você apenas remexeu feridas do passado e, inconscientemente, assumiu papéis com padrões financeiros previsíveis cujas bases foram estabelecidas há muito tempo. Eles estavam em silêncio e esperando para se manifestar novamente no sagrado matrimônio, em que todas as nossas mais profundas questões se acionam. Felizmente, há ajuda e esperança para todos os casais dispostos a combater esses problemas.

Livre-arbítrio e dinheiro

Não apenas precisamos como merecemos ter segurança e intimidade financeira; elas são nossas por direito! Vivemos em um universo abundante e, se aprendermos a gerir os nossos recursos de forma mais sensata, certamente seremos capazes de encontrar uma maneira de satisfazer adequadamente as necessidades básicas de cada ser humano em nosso planeta. Se isto é verdade, por que há tanto receio de escassez? O principal motivo, na minha opinião, é que as pessoas vivem perpetuamente entre dois ciclos contraditórios: medo e ganância. Quando o mundo se sente seguro, gastamos como se não houvesse amanhã. O outro lado da moeda ocorre no momento que nossos planos são comprometidos, e nos sentimos financeiramente em risco. Nessa altura do campeonato, a maioria das pessoas se torna emocional, impulsiva e reativa, e começa a proteger tudo o que tem. Indivíduos de todo o mundo passam por isso todos os dias, mesmo quando o perigo não é claro ou presente.

Esse ciclo é emocional, e não racional, e criado por três fatores: 1) o inconsciente coletivo, no qual os chips que compõe nossa programação cerebral herdam alguns traumas da humanidade ao longo dos anos; 2) a nossa padronização cerebral (causada por um fenômeno identificado por Donald Hebb, neuropsicólogo canadense, que diz que "neurônios que funcionam juntos permanecem juntos"), formada no cérebro durante a primeira infância por meio de nossas experiências individuais; e 3) a nossa biologia básica, que automaticamente entra em ação sempre que sentimos medo ou ameaça próxima. Você se lembra das aulas de história sobre os nossos antepassados pré-históricos? Bem, ainda há uma parte deles dentro de todos nós, chamado de cérebro primitivo. Ainda não evoluímos nessa questão porque precisamos dessa parte do cérebro para nos tirar do perigo rapidamente quando nossa segurança está em risco. Temos a tendência de imaginar o pior e nos preocupar sem motivo verdadeiro, o que só gera mais medo e ansiedade. Consequentemente, tendemos a viver com medo do que poderia acontecer em vez de experimentar o que está realmente acontecendo, algo verdadeiramente lamentável.

O cérebro humano é altamente vulnerável ao estresse e, quando estamos preocupados com as finanças, o cortisol, hormônio do estresse, inunda nosso cérebro. Assim como quando o carburador está com muito gás, cortisol em excesso no cérebro pode causar mau funcionamento e reduzir a nossa capacidade de resolver problemas ou gerenciar nossos desafios financeiros. Além disso, a tensão em excesso pode afetar o nível de serotonina (o hormônio do bem-estar), o que pode levar à tristeza, ao desespero e até mesmo à depressão. A questão é: as finanças podem afetar o melhor de nós. Sempre que nos encontramos emocional e financeiramente desequilibrados, nossa bioquímica é muito impactada também. Então, precisamos nos tornar mais conscientes sobre a relação entre o dinheiro e o cérebro para que possamos entender nossos relacionamentos e viver em plena harmonia. Quanto mais conscientes de nossas dinâmicas internas, maior nossa capacidade de melhorar nossos relacionamentos. Ao longo do tempo, você pode aprender a interromper – ou, melhor ainda, mudar – a dinâmica com seu dinheiro e, assim, melhorar a vida e os resultados financeiros.

Mudar é uma opção

É essencial se lembrar do dom do livre-arbítrio que nos foi dado quando nascemos. Nenhuma outra espécie recebeu esse presente! Temos de aprender como acessar a potencialidade de nosso livre-arbítrio e expressá-lo para nosso próprio bem, para o bem de nosso relacionamento, de nossa comunidade e do planeta. Ao fazer isso, podemos nos tornar mais poderosos e fortalecidos. Esse bem é a nossa herança divina que está presente e disponível para todos nós, embora poucos tenham aprendido a acessar ou utilizá-la corretamente. A exceção a isso, é claro, ocorre quando nossos comportamentos inconscientes nos levam a cometer atos imorais, ilegais e prejudiciais para os outros, fazendo-nos perder literalmente o acesso ao livre-arbítrio como punição para o crime. Às vezes, no entanto, dor acumulada ou traumas nos fazem perder acidentalmente o acesso à nossa força de vontade. Quando isso acontece, nos rendemos à situação e passamos a acreditar – conscientemente ou inconscientemente – que não somos dignos ou merecedores. Na minha prática como consultora financeira, vejo essa realidade se manifestar na vida de meus clientes em alguma das seguintes formas:

"Se não tenho dinheiro, sou inútil."
"Devo ter feito algo muito errado para merecer isso."
"Não tenho o gene da riqueza."
"Nada que eu faço é o suficiente."
"Sou amaldiçoado quando se trata de dinheiro."
"Não sou inteligente/bom o suficiente."

Nossa personalidade se modela cedo. Cada um de nós veio ao mundo com um pacote de software pré-carregado chamado "inconsciente coletivo". Esse pacote consiste na vasta coleção de nossa experiência humana desde o início dos tempos, o que representa o sistema operacional que roda no fundo de nossa consciência humana. Pense nisso como o disco rígido da existência humana. Quando nascemos para o mundo e começamos a ter nossas próprias experiências pessoais, elas ficam fixadas no cérebro (que funciona como um computador e é, de fato, mais poderoso do que qualquer máquina já construída). Agora, acrescente a isso a consciência dos padrões financeiros que herdamos de gerações anteriores à nossa. Os comportamentos e as crenças que herdamos de nossos pais – e eles de seus pais – podem ser um desafio por várias razões:

- Temos pouquíssima, quando temos, formação em finanças pessoais.
- O dinheiro é uma questão essencial de sobrevivência e, como tal, pode nos expor ao medo e ao desespero.
- Dinheiro continua a ser um assunto esquecido ou tabu em muitas famílias.
- A maioria de nossos padrões financeiros primários e comportamentos incorporam nossa personalidade logo na infância e permanecem trancadas dentro de nós, sem exploração, conscientização ou compreensão.
- Evitamos ou temos medo de trazer estas questões à tona por causa de nossos medos interiorizados, ansiedade e vergonha.
- Carregamos feridas financeiras que, se não forem tratadas, tornam-se sombras.

Amor, finanças e padrões comportamentais

Eu me lembro de quando era criança e passava horas sonhando acordada, pensando no meu príncipe encantado. Cresci e comecei a namorar, e ficava cada vez mais claro que essa não seria uma tarefa fácil. Desde o princípio me sentia desconfortável quando saía para jantar e o rapaz pagava a conta. Ficava constrangida e me sentia subestimada. Isso acontecia, é claro, em uma época em que se esperava que o rapaz pagasse tudo durante nosso encontro. Sempre fui independente e trabalhei pelo meu próprio dinheiro cedo. Então essa situação me causava muito desconforto e confusão. Com o passar dos anos, discuti esse assunto com muitas mulheres e descobri que a maioria delas se sentia desconfortável como eu. Na verdade, várias tinham a sensação de que deviam algo ao rapaz em troca do encontro. E muitos deles achavam o mesmo. Segundo algumas mulheres, os garotos de fato conseguiam algo em troca! Muita moças se entregam à pressão desse sentimento de obrigação ou culpa pelo fato de o rapaz ter gastado dinheiro com elas. Isso não é certo e não faz bem para nenhum dos dois. Do outro lado da história, os homens receberam o peso da responsabilidade financeira cedo (apesar de isso ter mudado em muitas famílias hoje em dia) e se tornaram os provedores dos lares. Mas ninguém nunca se preocupou em perguntar se eles queriam essa responsabilidade ou se concordavam com esse papel predeterminado.

Fico impressionada com o fato de esse sistema permanecer intacto em muitos aspectos e de homens e mulheres ainda agirem dessa maneira mesmo depois de casados. Por quê? Porque quando casamos, incorporamos inconscientemente alguns papéis que se espelham nos costumes de nossa família, e assim nossos padrões de comportamento vêm à tona por meio de expectativas e acordos inconscientes. No decorrer deste livro, você entenderá como seus padrões financeiros e seu comportamento influenciam o relacionamento com as finanças e com seu esposo ou esposa. Costumo chamar isso de comportamento "seu, meu e nosso", pois os dois iniciam o casamento com acordos prévios.

Os sintomas de nossos problemas financeiros

O dinheiro é algo cheio de força e um meio de troca poderoso. É um recurso que recebemos como resultado de nossas ações e contribuições diante do mundo. Ele entra e sai de nossa vida em uma relação direta com nossos esforços e nossa intenções. Sempre que você sente medo ou ansiedade financeira, é importante passar algum tempo refletindo, com o intuito de entender onde está a solução desse problema.

Exercício

Busca interior

Gaste cinco minutos refletindo sobre como você se sente com seu dinheiro neste exato momento. A seguir, algumas questões para você refletir e descrever no seu diário financeiro:

1. Se o dinheiro fosse seu amante, como você descreveria sua relação com ele? Alienado, individualista, irritável, pensativo, amoroso? Escreva sobre seus sentimentos.
2. Como você descreveria você mesma e sua relação com o dinheiro?
3. Como você se sente a respeito de seu parceiro e das finanças? Escreva sobre sua relação com seu parceiro quando o assunto é dinheiro.

Geralmente, os casais me procuram acreditando que têm problemas com as finanças. Na maior parte das vezes, entretanto, os problemas financeiros são um mero sintoma de outro maior. Um de meus clientes, por exemplo, é muito talentoso e consegue lucrar com o próprio negócio, mas se preocupa excessivamente com dinheiro. Ele acredita ter problemas financeiros, mas possui reservas suficientes para ficar tranquilo. Seus verdadeiros problemas são os fatos de: 1) odiar o que faz e de se sentir constantemente preso e com medo de mudar de carreira; 2) não ter confiança e fé de que pode optar por outro caminho; e 3) não acreditar que merece o que deseja, o principal problema.

Infelizmente, muitas vezes acreditamos que ter mais dinheiro é a cura para resolver ou alterar o que não está funcionando em nossa vida. Normalmente encaramos o dinheiro como problema e/ou solução de algo, mas isso é apenas uma distração que nos distancia da realidade. Além de nos proporcionar meios de satisfazer nossas necessidades básicas de alimentação, abrigo e segurança, o dinheiro é raramente a resposta para nossos problemas. Ter mais dinheiro pode ajudar no começo, mas se não tivermos resolvido a verdadeira questão, ter mais dinheiro torna as coisas piores. Nós não precisamos ir muito longe para ver casos de pessoas ricas que têm problemas financeiros enormes.

Em tempos financeiramente desafiadores, acho importante nos concentrar não na falta de dinheiro que flui em nossa vida, mas sobre qual parte de nós precisamos cuidar para conseguir a verdadeira cura. Quando nos dispomos a resolver o que está realmente errado – tanto em nossa economia quanto em nossas finanças pessoais –, podemos começar a resolver os *problemas reais*. Este livro oferece um mapa para identificar e curar a sua relação com o dinheiro, seja individualmente ou como casal. Consultoria financeira é um passo a passo que pode ajudar você a descobrir como está conectado com o dinheiro de maneiras que nem imagina. Todos temos padrões e comportamentos financeiros que geram estresse, ansiedade e medo, e que são contraditórios na hora de alcançar a vida pessoal e financeira que desejamos. Se não conhecermos esses padrões, como podemos mudá-los? Os processos de consultoria financeira usados neste livro ajudarão você a fazer o seguinte:

- Descobrir seu tipo financeiro e compreender o impacto que ele tem na sua vida, seu relacionamento, e suas finanças.
- Entender como seus padrões financeiros se formaram em sua família e o que você pode fazer para mudá-los.
- Remover os obstáculos inconscientes que podem limitar seu potencial financeiro.
- Aprender a se comunicar e trabalhar de forma mais eficaz com seu parceiro e familiares quando o assunto é dinheiro.
- Conhecer novas ferramentas e estratégias para mudar seu modo de pensar, sentir e agir com relação ao dinheiro e finanças pessoais.
- Desenvolver uma nova consciência, a autocompreensão e a paz de espírito por meio da criação de uma vida equilibrada em conjunto – pessoal e financeiramente.

Mudanças significativas e sustentáveis de qualquer espécie podem ocorrer apenas sob certas condições. Na consultoria financeira, identificamos essas condições da seguinte forma:

- Desenvolvendo nova compreensão e novo nível de consciência de nossos padrões financeiros básicos.
- Despertando a vontade de mudar e fazer algo novo e diferente do que temos feito.

- Implementando novas ferramentas e estratégias de comportamento.
- Criando responsabilidade e disposição para gerar mudanças significativas e duradouras.

Lembre-se, não recebemos a formação adequada para nos tornar bem-sucedidos financeiramente, o que muitas vezes nos obriga a esquecer o que nos foi ensinado para absorvermos um o novo aprendizado. Por meio da reflexão e da perseverança, podemos começar a curar as feridas financeiras que nos causam tanta confusão. O dinheiro é uma ferramenta poderosa, mas não uma missão de vida. O dinheiro não vai mantê-lo aquecido durante a noite ou confortável quando se sentir triste ou solitário. O dinheiro não pode comprar tudo. Esquecemos que aqueles que vieram antes de nós viveram com muito pouco (embora não tão confortavelmente!).

Nossos problemas financeiros podem, entretanto, nos deixar confusos sobre o que realmente importa. Eles podem nos levar a acreditar que precisamos de mais do que é necessário de verdade; fazem-nos desejar coisas inúteis e às vezes, quando estamos com medo, esquecer que, no fim, a única coisa que pode nos curar ou nos salvar é o amor. Quando começamos a curar nossas vidas e nossos relacionamentos, podemos aumentar a nossa capacidade de criar um mundo muito melhor, mais consciente e financeiramente sustentável.

As experiências e descobertas da infância e da juventude tornam-se mais tarde os tipos, as normas e os padrões de todo o conhecimento e experiência subsequentes.

Arthur Schopenhauer, citado por Joseph Campbell em *A Joseph Campbell Companion*

2 A história e a mitologia do dinheiro

Todos nós temos uma história com o dinheiro que começou em nossa infância e evoluiu ao longo da nossa vida adulta. Nossa história com o dinheiro evolui com nossas experiências, ao longo de voltas e reviravoltas, tramas e, finalmente, tornam-se a "história de nossa história" – a nossa própria mitologia. Nossa mitologia individual é a narrativa que usamos no dia a dia para expressar como nos tornaremos o que somos. Nossas histórias com dinheiro e mitologias pessoais servem como uma espécie de mapa do caminho que nos ajuda a navegar, descobrir e criar significado a partir de nossa perspectiva interior, de nossas experiências e de nossa vida.

Minha história com o dinheiro

Eu sempre soube que éramos pobres, mas aos 8 anos comecei a perceber que, se eu quisesse alguma coisa, teria de conseguir por conta própria. Então, comecei a minha primeira aventura empreendedora passando roupa para os outros, cobrando cinco centavos por item. Mais tarde, passei para a limpeza das casas de alguns amigos da minha mãe. Eu era boa em faxina e me sentia bem paga, mesmo terminando o dia com os braços doendo de tanto limpar janelas. As senhoras eram boas para mim e me faziam sanduíches para o almoço. Eu não me importava com o fato de que as outras crianças brincavam enquanto eu trabalhava. Eu tinha meu próprio dinheiro e podia guardá-lo ou gastá-lo como quisesse. Na maioria das vezes, eu guardava o dinheiro para algo especial.

Minha mãe trabalhava longas horas por dia como garçonete. Lembro que me sentia triste ao vê-la trabalhando tanto. A maioria das mães dos meus amigos ficava em casa e não tinha de trabalhar. Isso não me parecia justo. Eu tentava manter a casa limpa para fazer minha mãe feliz.

Eu era uma aluna exemplar e quase sempre tirava a nota máxima. Às vezes ganhava 1 dólar a cada nota dez, mas apenas para a nota dez. Logo aprendi que nove ou oito eram "inúteis", e isso me deixava confusa e irritada. Por que nove não é bom o suficiente? Eles deveriam valer pelo menos cinquenta centavos se um A é equivalente a 1 dólar.

Quando completei 10 anos, meu pai perdeu o emprego de operário na fábrica de aço em que trabalhava. Haviam fechado aquela filial por causa da recessão (a crise do óleo no início dos anos 1970). Ele não conseguia arranjar um emprego, então nos mudamos da Califórnia para Utah, onde ele havia recebido uma oferta de trabalho. Éramos muito infelizes em Utah, e nos tratavam como forasteiros. Um belo dia, logo que acordei pela manhã, encontrei minha mãe fazendo nossas malas. Ela disse que estávamos de mudança para o Arkansas. Ficamos todos chocados. Minha mãe foi franca e disse que algo de ruim aconteceria logo caso não saíssemos daquela cidade. Ela teve uma premonição. Terminamos de fazer as malas e saímos da cidade durante a noite como ciganos. Eu estava muito assustada. Tínhamos pouco dinheiro, e meu pai não tinha um emprego.

Dirigimos sem parar até a casa de meus avós, em Batesville, Arkansas. Eles eram muito pobres e viviam em uma região distante. Mas não havia trabalho, dinheiro ou futuro no Arkansas, então logo nos mudamos de novo. Fomos para St. Louis na esperança de que meu pai encontrasse um emprego lá. Mudamo-nos para a casa de uma tia, que era viúva, morava sozinha em um lugar muito afastado e se recusava a mudar. Lá finalmente me senti em casa (num bairro afro-americano onde eu era uma das poucas crianças brancas). O fato de ser pobre pouco importava. Eu era aceita, e fui até convidada a participar de uma peça de teatro do bairro como uma das "Supremes" (vestindo minha peruca afro!). Foi a primeira vez que me senti rica.

Aos meus 12 anos, mudamos para nossa própria casa, que ficava em um bairro horrivelmente pobre. Em alguns meses, acordei com minha mãe gritando e aos prantos. Encontrei-a na cozinha e descobri que nosso irmão mais velho havia morrido em um acidente de caça em Utah. Algo de terrível tinha acontecido lá; a premonição de mamãe se tornou realidade. A morte do meu irmão deixou toda a família devastada. Mal tínhamos dinheiro para ir até a Califórnia enterrar nosso irmão no cemitério da família. Quando voltamos para casa, não havia dinheiro para pagar o aluguel. Meus pais perguntaram a seus melhores amigos se poderíamos ficar com eles até nos recompormos, mas todos eles disseram não. Minha mãe ficou devastada. Ela havia perdido um filho e atravessado o país para enterrá-lo, e ainda assim seus amigos não ajudaram. Apesar de tudo, meus pais nunca falaram mal de nenhum deles. Eles diziam que entendiam, mas levei anos para perdoar essa traição. Todo o resto que aconteceu nessa época é um borrão na minha memória, exceto a tristeza da minha mãe e o fato de não termos o dinheiro para enterrar meu irmão apropriadamente. Acho que minha família nunca se recuperou disso.

Mudamos para um conjunto habitacional e fomos forçados a viver com a ajuda do governo. A recessão continuou, e meu pai continuava desempregado. Viver naquele bairro foi uma experiência incrível. Conquistei amigos rapidamente na nova vizinhança, que era de uma diversidade racial gigantesca, e fiz de tudo para tirar proveito máximo disso. Concentrei-me nos estudos e fui eleita a estudante do ano. Pelas conquistas na escola, queria recompensar minha mãe por ter perdido um filho. Eu me mantinha tão ocupada que não me restava tempo para me sentir pobre, até o dia em que fui perseguida por baratas gigantes em nosso apartamento.

No ano seguinte, meu pai finalmente conseguiu um emprego, e nós nos mudamos para um bairro melhor. Foi quando completei 14 anos e comecei a trabalhar no Taco Bell. Eu amava ganhar meu dinheiro e não ter de pedir nada a ninguém. Eu era extremamente independente, e desde então sempre tive um ou até mesmo dois empregos. O trabalho havia se tornado meu refúgio da nossa vida difícil. Trabalhar e ganhar dinheiro eram o que me distanciava daquela vida.

Quando completei 16 anos, já tinha guardado dinheiro suficiente para comprar meu carro. Peguei meus pais de surpresa quando estacionei meu Buick LeSabre em frente à calçada de casa. Eles estavam estupefatos e não entendiam como eu conseguia cuidar das minhas finanças sozinha. Eles não me deixaram tirar a carteira de motorista, mas eu havia comprado meu próprio carro!

Decidi ir para a faculdade e, com a ajuda do conselheiro da escola, consegui uma bolsa de estudo. Quando contei aos meus pais que havia passado em uma grande universidade, eles riram e disseram: "Certo... quem vai pagar por isso?", e eu disse a eles: "Não se preocupem, eu já cuidei disso e vocês não vão precisar gastar um centavo". Naquela noite, meu pai veio até meu quarto e me disse que tinha muito orgulho de mim e de tudo o que eu havia conquistado. Foi a primeira vez que ele reconheceu algo meu e me elogiou. Pouco tempo depois daquela noite, no dia da minha formatura do ensino médio, meu pai morreu repentinamente vítima de um ataque cardíaco fulminante. Ele não presenciou minha formatura. Ele tinha apenas 50 anos, e sua vida tinha acabado de repente.

Minha mãe havia se tornado uma jovem viúva e mãe solteira. Tudo o que meu pai nos deixou foi a apólice de seu seguro de vida de 10 mil dólares, que minha mãe inocentemente considerava uma fortuna. Em menos de um ano, ela começou a perceber que aquele dinheiro não duraria muito. Então, apenas com seu salário de garçonete, ela não conseguia fechar a conta no fim do mês, e o dinheiro se tornou razão de estresse e brigas a partir de então. Ela nunca se recuperou emocional ou financeiramente da morte de meu pai. Quando ela faleceu, tinha pouquíssimos bens materiais, o que a incomodava muito. Mas foi uma ótima mãe que fez o melhor que podia com o que possuía.

Acabei me tornando a primeira e única pessoa da família a estudar e se formar na faculdade. Ter testemunhado as dificuldades financeiras de meus pais teve muita influência na minha vida e nas minhas escolhas. Isso é parte da minha história e interferiu no meu destino. Eu estava determinada a alcançar o sucesso financeiro para ajudar os outros a conseguir o mesmo.

Compreendendo nossa história

Cada uma de nossas histórias é cheia de significados e metáforas. Não somos muito diferentes de uma pedra sendo talhada por nossas provações e tribulações em uma forma humana. Quando mergulhamos em um relacionamento, nossas histórias também se incorporam e se misturam. O problema é que, quando se trata de dinheiro, nosso parceiro raramente conhece ou compreende plenamente o significado desses acontecimentos que ajudaram a construir nosso percurso. Sem nossas histórias, não fazemos ideia de como nossos padrões financeiros e comportamentais foram formados.

Conhecer o passado financeiro um do outro é essencial para compreender os padrões e comportamentos atuais do casal. Sem esse entendimento, estamos propensos a fazer suposições, tirar conclusões precipitadas e, pior, julgar um ao outro. A partilha de nossas histórias não só nos ajuda a dar sentido a nossa própria experiência como também encoraja nosso parceiro a fazer o mesmo.

Exercício

Escrevendo sua história financeira

Sugiro que o casal escreva e compartilhe entre si suas histórias financeiras. Recomendo que você use este processo para criar os blocos de construção da intimidade financeira que vai aprofundar o relacionamento.

Primeiro passo. Escreva sua história. Comece resgatando sua história financeira desde a infância até o ponto em que você conheceu seu parceiro. Escreva desde sua memória mais antiga e acompanhe cronologicamente sua jornada financeira através do tempo, permitindo que suas lembranças apareçam uma de cada vez. É melhor escrever sua história financeira da forma que ela se apresenta a você, sem edição, julgamento ou análise enquanto escreve. Inclua todos os detalhes possíveis, pois eles ajudarão a identificar seus padrões financeiros e outros temas relevantes. Quando você finalmente chegar ao ponto de sua vida em que conheceu seu atual parceiro ou cônjuge, nomeie o capítulo seguinte como "A história de nós dois", e registre suas memórias financeiras até a data atual.

Segundo passo. Mapeie sua história. Depois de ter concluído essa primeira etapa, inicie a leitura desde o início, identificando padrões, temas, emoções e crenças recorrentes. Abaixo você encontra o exemplo de mapa de um cliente. Em uma folha de papel em branco ou em seu diário financeiro, mapeie sua história e use este exemplo como modelo.

EXEMPLO: Mapeamento de história 8

Padrões financeiros	Temas financeiros
Doação	Abundância ou fome
Confusão	Nunca o suficiente
Preciso do meu dinheiro	Perda e traição
Trabalho árduo	Sobrevivência
Sacrifício	Escassez
Criatividade	Rico *versus* pobre
Engenhosidade	Esconder a pobreza
Independência	Trabalho – dinheiro + independência
Emoções financeiras	**Crenças financeiras**
Felicidade	É difícil ganhar/manter dinheiro
Alegria	Nunca haverá o suficiente
Tristeza	Dinheiro não é justo
Preocupação	Dinheiro é estressante
Medo	Pessoas ricas são egoístas
Raiva	Dinheiro não é coisa para nossa família
Ressentimento	Ser pobre é vergonhoso
Humilhação	Fazer dinheiro é trabalho árduo

Exercício

Mensagens e significados do dinheiro

Antes de seguir adiante, separe um tempo para refletir sobre essas questões e escreva isso em seu diário.

1. Quais mensagens sobre dinheiro você recebeu de seus pais durante a infância?
2. Como essas experiências influenciam sua vivência com as finanças hoje em dia?
3. Como você gostaria de ter ouvido ou experimentado essas mensagens?
4. Seus padrões financeiros mudaram desde a infância?
5. Quais mensagens sobre dinheiro você tem passado ou gostaria de passar para seu parceiro ou seus filhos?
6. Se dinheiro não fosse um obstáculo, real ou percebido, o que você teria feito de diferente na sua vida?

Compartilhando a sua história financeira

Agora que você já colocou sua história financeira no papel, chegou a hora de compartilhá-la. Antes disso, sugiro que você entre em um acordo com seu parceiro para ouvir as histórias um do outro com compaixão e sem julgamento. Firme esse combinado com antecedência. Uma vez que vocês tenham concordado, revezem lendo em voz alta suas histórias, sem interrupção. Assim que terminarem a leitura, discutam-nas abertamente. Aqui estão algumas perguntas que os ajudarão a orientar a discussão:

1. O que você aprendeu de novidade sobre mim?
2. Quais informações foram contadas com desconforto e por quê?
3. Quais medos e emoções vieram à tona enquanto você lia?
4. O que mais surpreendeu você na minha história?
5. O que ajudou você a compreender melhor minha história e meus padrões financeiros?
6. Existe algum aspecto confuso da minha história ou que gostaria de saber mais a respeito?

"A história de nós dois"

Agora que você já leu e discutiu "A história de nós dois", observe os fatos que ambos escolheram dividir e quaisquer diferenças significativas nas perspectivas de cada um. Por exemplo, vocês têm lembranças semelhantes ou diferentes sobre como se comportavam com questões financeiras em seus outros relacionamentos? Se houver divergências, saibam que isso é comum. A maioria de nós tende a se lembrar de coisas relevantes à nossa experiência, e não do ponto de vista do parceiro. No entanto, perceber como a perspectiva de seu parceiro é diferente da sua pode ser esclarecedor, proporcionar uma nova consciência e perspectiva e até mesmo ajudá-lo a descobrir o que fazer de diferente no futuro.

Conforme avançarmos nesse processo de contar histórias, é importante que você determine se há algum problema de comunicação ou dinheiro que precise ser discutido e resolvido antes de avançar.

Escrevendo seu próximo capítulo

Seja qual for a sua história, que não pode ser desfeita, o futuro ainda está em branco e pode ser alterado por sua consciência e vontade de evoluir. Como você gostaria que sua história financeira se desdobrasse a partir daqui? Inicie o próximo capítulo em conjunto com seu parceiro com base no que você gostaria de criar.

Quais padrões financeiros antigos cada um de vocês gostaria de superar?

Quais novos padrões financeiros cada um de vocês gostaria de desenvolver?

Quais temas financeiros você gostaria de mudar ou abraçar?

Quais emoções novas você gostaria de experimentar?

Quais crenças financeiras você gostaria de incorporar?

Quais novas crenças financeiras você gostaria de desenvolver?

Qual é a visão que vocês mantêm de seu futuro juntos, pessoal e financeiramente?

Coloque tudo isso no papel e comece a escrever com seu parceiro essa história a partir de hoje mesmo.

Entender é perceber padrões.

— Isaiah Berlin, *The proper study of mankind*

3 Seu, meu e nosso: padrões financeiros

Estamos todos à procura de um lar para nosso coração, um porto seguro no meio de um mar muitas vezes tempestuoso que chamamos de vida. Quando encontramos o amor, experimentamos grandes alegrias, gratidão e contentamento, tudo muito diferente do que já havíamos conhecido. Por um tempo, acreditamos que a hora de ser plenamente feliz chegou, vivenciando apenas momentos de carinho, proximidade e felicidade. Aos poucos, nossa fantasia se transforma em realidade, com horários, rotina e complicações que a vida muitas vezes nos traz sem aviso prévio, e começamos a perceber que na maioria das vezes as relações representam muito mais trabalho pesado do que apenas felicidade. Claro, isso não significa que não temos mais o amor de nosso parceiro, mas como a novidade e o brilho se desgastaram, resta-nos viver nosso relacionamento como ele realmente é, substituindo de vez a fantasia inicial. Quando percebemos que a ilusão deu lugar à realidade, nós nos encontramos em uma encruzilhada em nossa relação.

Essa fase do relacionamento é o momento perfeito para examinarmos nossos padrões de comportamento e nos comprometermos com essa longa jornada. Ignorar isso muitas vezes resulta no desenvolvimento de sistemas inconscientes de compensação que podem corroer a intimidade de nosso relacionamento. Isso pode se manifestar como maior busca de bens materiais, por exemplo, uma casa ou carro novo, para suprir necessidades emocionais deixadas de lado. Esse comportamento pode se transformar em um padrão financeiro prejudicial, em que os casais projetam no parceiro questões mal resolvidas, expectativas e demandas silenciosas. Como adultos saudáveis e maduros, temos de aproveitar esse momento como uma oportunidade para criar algo mais profundo e significativo. Espero que essa seja a razão pela qual você está lendo este livro.

Milhões de casais experimentam a decepção no casamento por causa das finanças, entre outras coisas. O problema começou, no entanto, com padrões provavelmente desenvolvidos antes mesmo de a relação começar. Também não se pode resolver em uma relação algo que não está solucionado dentro de nós. A ideia de que alguém pode nos completar em um passe de mágica é profundamente errada. Essa noção romântica que os seres humanos têm fantasiado por séculos que afirma que estamos incompletos e quebrados sem nossa cara-metade é um absurdo.

O melhor direcionamento que fazemos com nossa energia é conhecer, amar e aceitar a nós mesmos e uns aos outros plena e incondicionalmente. Quando estamos aptos a fazer isso, podemos amar os outros totalmente. Não precisamos projetar nossas necessidades e expectativas para que nosso parceiro de alguma maneira nos "conserte" como prova de seu afeto e de que somos dignos de amor. A vida a dois pode involuntariamente materializar um descontentamento interno, o que talvez cause a desconexão de si mesmo e do casal.

Percebemos essa manifestação quando há preocupação em "manter as aparências" que acaba na busca insaciável por mais e mais. Ironicamente, esse ciclo, denominado *a esteira hedonista*, é conhecido como o começo do fim, porque no minuto em que pisamos nessa esteira, perdemos qualquer chance de sucesso no relacionamento. Entramos em um jogo em que não podemos ganhar, pois sustentá-lo é impossível. Sempre haverá alguém com mais do que o outro. A verdadeira felicidade e contentamento é resultado de se sentir completo e grato com o que você tem, e não de ter mais do que o outro. O contentamento não é um clube ao qual você pode se associar, mas a conquista do caminho em meio à busca profunda e incansável de autoconhecimento, cura e trabalho espiritual. A única razão pela qual alguém sentiria a necessidade de "manter as aparências" seria porque se sente incompleto e vazio de alguma maneira.

Meu marido foi um solteirão até seus 50 anos. Ele teve vários relacionamentos, mas nunca chegou a se casar. Acabamos nos conhecendo e casando alguns anos mais tarde, então lhe perguntei o que tinha mudado para ele decidir se casar depois de todos aqueles anos. Sua resposta foi interessante e humilhante ao mesmo tempo: "Pela primeira vez, senti que estava com alguém que não esperava que eu fosse o responsável por consertá-la ou mudar sua vida. Eu não queria essa função, nem queria ser a pessoa responsável por uma decepção assim. Você foi diferente. Você sabe quem você é e assume a responsabilidade pela sua felicidade". Não é função de seu marido fazer você feliz. Essa responsabilidade é sua. Se você está com alguém egoísta e usurpador, pode virar uma missão difícil ser feliz com uma pessoa assim.

Somos livres para escolher a vida que vivemos. Como seres humanos livres, temos o direito de mudar caso a vida que vivemos não esteja de acordo com nossos planos. Podemos também escolher, hoje, mudar a relação em que nos encontramos se percebermos que temos projetado todas as nossas expectativas irreais e necessidades não satisfeitas em nosso parceiro. Ao fazer isso, nós nos abrimos para o desapontamento e a mágoa.

Tipos financeiros e o relacionamento

No Money Coaching Institute ajudamos as pessoas a identificar e compreender seu comportamento e seus padrões financeiros, trabalhando com base em seus tipos financeiros, que são arquétipos que existem dentro de nós e servem como atalho para entendermos nosso comportamento. Eles não são apenas rótulos que nos definem, e sim uma maneira poderosa de nos proporcionar a consciência sobre nossa relação com o dinheiro. Os tipos financeiros não representam a personalidade nem definem uma pessoa. No entanto, podem ajudar a entender sua atual situação financeira – e talvez até ajudar a descobrir como você chegou nesse ponto.

Os oito tipos financeiros

A maioria das pessoas se encaixa em um ou mais dos oito tipos financeiros. Diferentemente dos arquétipos junguianos originais, que definem várias personalidades, os tipos financeiros não representam ou definem a personalidade, e sim oferecem uma maneira simples de identificar e compreender seus padrões financeiros e seu comportamento com relação ao dinheiro. Com esse novo entendimento, você pode alterar seu tipo financeiro, aprender a fazer escolhas mais conscientes e, como resultado, melhorar a dinâmica financeira em seu relacionamento.

Muitas vezes me refiro aos tipos como oito personagens que vivem dentro de nosso drama financeiro diário (ou comédia, de acordo com sua situação!). Podemos ser bem-sucedidos na maioria das áreas de nossa vida, mas quando confrontados com decisões, mudanças ou crises financeiras, muitos de nós adotamos uma postura ineficaz e emocional. Ao entender seus padrões e suas crenças financeiras, você e seu parceiro poderão se tornar mais conscientes. Com o tempo, você vai aprender a mudar seus comportamentos habituais assim que os notar em sua rotina. A seguir você encontra as descrições dos oito tipos financeiros.

Inocente

O Inocente traduz o comportamento "avestruz" para as questões financeiras. Muitas vezes vivem em negação, enterrando a cabeça na areia, quando o dinheiro está em questão. Uma vez que se assustam facilmente com informações financeiras, eles em geral dependem muito de conselhos e opiniões dos outros. São talvez os mais confiáveis de todos os tipos financeiros, porque desejam tanto direção e opinião que acabam não vendo os outros como realmente são. Inocentes são infantis, pois ainda não aprenderam a julgar ou discernir as intenções e os comportamentos de outras pessoas. Embora esta característica possa ser positiva, também pode prejudicar um adulto a sobreviver no mundo real. Todos nós começamos nossa jornada como Inocentes, no entanto, à medida que crescemos e nos desenvolvemos, a maioria de nós abandona o véu da ingenuidade por meio da experiência adquirida, e o substitui por discernimento. O objetivo do Inocente é a segurança a todo custo, e muitas vezes eles têm medo do abandono.

Características do tipo Inocente:
- confiável;
- indeciso;
- otimista (externamente);
- medroso e ansioso (internamente);
- financeiramente dependente;
- evita confrontos;
- sente-se impotente;
- reprime sentimentos e crenças;
- procura segurança.

Vítima

O tipo financeiro Vítima tende a viver no passado e culpa fatores externos por seus problemas financeiros. É naturalmente passivo-agressivo (propenso a expressar seus sentimentos de maneira indireta), pode parecer Inocente do ponto de vista externo, pois demonstra medo e ansiedade, e quer que os outros tomem conta dele. No entanto, esse aspecto é na maioria das vezes um padrão inconsciente, desenvolvido para levar os outros a fazer por ele o que ele se recusa a fazer por si mesmo.

Os Vítimas costumam ter uma lista de desculpas para justificar o fato de não serem bem-sucedidos financeiramente. Isso não quer dizer que as coisas ruins nunca tenham acontecido aos Vítimas. Mais frequentemente do que pensamos, os Vítimas foram abusados, traídos ou sofreram alguma grande perda. O problema é que nunca processaram a dor, nem reconheceram ou assumiram a responsabilidade com o presente. Os Vítimas estão sempre à procura de alguém para resgatá-los, porque se sentem no direito de se apoiar em alguém como compensação por seu sofrimento.

Características do tipo Vítima:
- propenso a culpar os outros;
- altamente emocional (tristeza ou raiva);

- saudosista;
- financeiramente irresponsável;
- procura ser resgatado;
- ressentido;
- rancoroso;
- dependente;
- sofre por antecipação;
- impotente.

Para que o paradigma do Vítima comece a mudar, ele deve aprender a compreender e curar as feridas do passado. De todos os tipos financeiros com quem já trabalhei, Vítimas são os mais resistentes à mudança. Como resultado, eles ficam presos em seus dramas financeiros, que são apenas reprises do passado.

Guerreiro

O Guerreiro prepara-se para conquistar o mundo financeiro e é geralmente visto como bem-sucedido no ambiente de negócios e finanças. É investidor frequente – concentrado, determinado e controlador. Apesar de estar aberto a ouvir os conselheiros, toma as próprias decisões e confia plenamente em seus instintos para guiá-los. O mundo está cheio de Guerreiros, desde aqueles que são aliados poderosos na hora de ganhar dinheiro até os que encaram o mundo financeiro como uma forma de competição e esporte.

Características do tipo Guerreiro:

- poderoso;
- motivado;
- leal;
- competitivo;
- disciplinado;
- concentrado nas metas;
- bem-sucedido financeiramente;
- confiante;
- calculista;

- generoso;
- protetor;
- sábio;
- esclarecido.

Os principais medos do Guerreiro são depender de algo e perder poder. Todos nós precisamos de um Guerreiro saudável dentro de nós. O Guerreiro representa o arquétipo da ação e geralmente é quem buscamos para fazer as coisas acontecerem em nossa carreira e na vida financeira. Nosso lado Guerreiro nunca desiste e não é derrotado facilmente.

Mártir

Mártires estão sempre tão ocupados cuidando das necessidades dos outros que muitas vezes negligenciam as próprias. Financeiramente falando, Mártires em geral fazem mais pelos outros do que por si mesmos. Muitas vezes resgatam outros (como um filho, cônjuge, amigo ou parente) de suas enrascadas ou crises financeiras. No entanto, os Mártires sentem-se responsáveis e, quando isso acontece, abandonados se os outros não correspondem às suas expectativas. O indicador mais forte do Mártir é o autossacrifício e um apego inconsciente com seu sofrimento.

Características do tipo Mártir:

- controlador;
- sente-se desvalorizado;
- sofredor;
- tem dificuldade em receber;
- zeloso;
- sacrifica-se pelos outros;
- decepciona-se com facilidade;
- resgata os outros;
- perfeccionista;
- ressentido;
- passivo-agressivo;
- afetuoso;
- sábio.

Mártires tendem a ser perfeccionistas e têm altas expectativas de si e dos outros, o que facilita que realizem seus sonhos, porque direcionam muita energia para que tudo dê certo. Mártires que estão dispostos a se concentrar em resolver sozinhos seus problemas têm grande capacidade de ajudar os outros e se expressam muito bem.

Louco

O Louco joga por diferentes conjuntos de regras. Apostador por natureza, está sempre procurando um golpe de sorte, tomando atalhos financeiros. Mesmo considerando que o ditado "O que vem fácil vai fácil" tenha um fundo de verdade, muitas vezes os Loucos ganham porque estão dispostos a arriscar. Aventureiro de coração, o Louco se envolve pelo entusiasmo do momento, e pouco se importa com os detalhes. São relativamente corajosos em seus esforços e eternos otimistas, independentemente das circunstâncias. Por serem assim, os Loucos são como Guerreiros, porque parecem sempre resolver bem a situação e não são facilmente derrotados. O Louco está muito mais interessado em ganhar dinheiro como um esporte ou uma forma de recreação do que como uma empreitada séria. Possui algumas qualidades notáveis que, se dominadas, podem transformá-lo em um mago financeiro. O Louco vive muito do momento e é muito desapegado aos resultados futuros. Persegue pelo simples prazer da busca na maior parte das vezes. Muitos de nós poderíamos aprender com essa característica do Louco. No entanto, até ele dominar seu talento, vai continuar atraindo dinheiro com facilidade apenas para tê-lo rapidamente e vê-lo escapar por entre os dedos, porque eles simplesmente não estão prestando atenção.

Características do tipo Louco:

- incansável;
- indisciplinado;
- financeiramente irresponsável;
- impetuoso;
- otimista;
- excessivamente generoso;
- animado;

- aventureiro;
- imediatista.

Criador/Artista

O tipo Criador/Artista segue um caminho espiritual, criativo ou artístico. Muitas vezes vive em um mundo difícil e leva uma relação de amor/ódio com o dinheiro. Ele ama o dinheiro por causa da liberdade que proporciona, mas prefere não ter de vender seus dons ou a si mesmo para ganhar a vida. O Criador/Artista muitas vezes se identifica excessivamente com o mundo interior e pode até se ressentir ou desprezar os ricos. Suas crenças negativas sobre o dinheiro e o materialismo apenas o bloqueiam da liberdade que tanto deseja. O maior medo do tipo Criador/Artista é não ser autêntico ou mentir para si mesmo.

O Criador/Artista, entre todos os arquétipos, tem mais conflitos com dinheiro, o que pode sabotar sua capacidade de manifestar suas habilidades. Muitas pessoas no caminho criativo/artístico sentem que o dinheiro é ruim ou que lhe falta espiritualidade. Na medida em que o Criador/Artista mantém essa crença, está limitando-se ao criar uma barreira para seu fluxo de dinheiro.

O criador/artista que trabalha para integrar seu lado espiritual com o mundo material vai encontrar uma solução para seus problemas financeiros. Por dedicar boa parte do tempo e da atenção ao seu lado interior e ao seu potencial criativo, o Criador/Artista já possui muitas das qualidades necessárias para se tornar um *mago financeiro*. Esse tipo financeiro precisa, antes de mais nada, aceitar o mundo exterior e abraçá-lo em suas muitas dimensões. Para romper seu sofrimento com a tensão que sente entre os mundos espiritual e material, ele deve aprender a abraçar os dois, como parte de sua própria dualidade.

Características do tipo Criador/Artista:

- altamente artístico e/ou espiritual;
- passivo;
- internamente motivado;
- desapegado;
- antimaterialista;

- visionário;
- buscador da verdade.

Tirano

O Tirano usa o dinheiro para controlar pessoas, eventos e circunstâncias. Acumula dinheiro para manipular e controlar os outros. Embora possa ter tudo o que precisa ou deseja, nunca se sente completo, confortável ou em paz. Seu maior medo é perder o controle. Tiranos são frequentemente Guerreiros superdesenvolvidos que se perderam em sua necessidade de controle e dominação. Enquanto os Guerreiros são muitas vezes heroicos em sua verdadeira preocupação pelo bem-estar dos outros, Tiranos são muito egoístas. Esse tipo financeiro quer, para seu próprio bem, o poder e o controle de tudo, e passará por cima de outras pessoas para conseguir acumular mais, caso necessário.

Ao longo da história, o Tirano surgiu como o governante que destrói e domina sem nenhum sinal de remorso. Hoje, encontramos Tiranos entre líderes políticos, empresários e figuras familiares que usam todos os meios necessários para vencer. O Tirano é mestre em manipular pessoas e dinheiro. Talvez pelo fato de esse tipo ser apresentado como a imagem de sucesso financeiro em nossa sociedade, muitos de nós no fundo acreditamos que dinheiro é ruim. A televisão e os meios de comunicação ajudam a propagar o medo de que, embora pensemos querer mais dinheiro, podemos perder por causa da ganância e da busca pelo poder – como o Tirano.

Tiranos, no entanto, não são tão ricos como aparentam. Claro, eles têm tudo que o dinheiro pode comprar (o que muitas vezes inclui pessoas bonitas ao seu lado) e nunca precisam se preocupar em pagar a conta de telefone, mas eles não possuem muitas coisas que o dinheiro não pode comprar. Apesar do aparente sucesso, eles sentem muito medo e raramente alcançam algum tipo de satisfação. O Tirano sofre de uma condição crônica de que nunca tem o suficiente.

Características do Tirano:

- controlador;
- medroso;
- manipulador;

- opressivo;
- propenso à raiva;
- crítico e julgador;
- agressivo;
- rancoroso;
- sigiloso;
- altamente materialista.

Mago

O Mago é o tipo financeiro ideal. Usando um conjunto de dinâmicas novo e flexível tanto no mundo material quanto no espiritual, os Magos sabem como transformar e manifestar sua realidade financeira. No melhor momento, quando estamos dispostos a reivindicar nosso poder, todos somos Magos.

Eles são muito espertos e totalmente conscientes de si e do mundo que os rodeia. Estão armados com o conhecimento do passado, já fizeram as pazes com sua história e entendem que o poder existe na capacidade de ver e viver a realidade de quem eles são. Os Magos sabem que a capacidade de manifestação se encontra no Poder Superior. Com fé, amor e paciência, o Mago simplesmente espera, na certeza de que com conhecimento e sabedoria todas as nossas necessidades serão atendidas o tempo todo. Magos abraçam a vida interior como o lugar da riqueza espiritual, e a vida exterior como a expressão de iluminação no mundo material.

Características do tipo Mago:

- espiritual;
- sábio;
- consciente;
- desapegado;
- confiável;
- generoso;
- amável;
- adaptável;
- imediatista;
- poderoso;
- otimista;

- confiante;
- compassivo;
- aberto ao fluxo natural;
- financeiramente equilibrado.

Tornar-se um Mago não significa apenas ter mais dinheiro. É uma viagem de descoberta e exploração de sua relação com o dinheiro, e de como essa relação o ajuda ou o desvia de viver seu propósito de vida e experimentar seu pleno potencial. Dependendo de sua jornada e de seu objetivo, ser um Mago pode ou não deixar você prestes a se tornar um milionário. Se está motivado a conquistar riqueza, você pode se decepcionar. Discordo de filosofias pseudoespirituais que promovem soluções rápidas para trazer riqueza sem nenhum esforço pessoal ou compromisso. Toda mudança significativa e sustentável é um processo que leva tempo. Mas não deixe que desencorajem você ou seu parceiro, pois cada minuto e esforço desse processo valerá a pena na medida em que ele vai mudar sua vida e seu relacionamento também.

Como seria a sua relação se você e seu parceiro fossem Magos? Você deve imaginar que as preocupações e os medos a respeito das finanças seriam aliviados. Você também pode ser mais bem-sucedido ou desfrutar do dinheiro que tem com muita alegria. A consultoria financeira ajuda você nesse processo tanto interna quanto externamente. Você vai aprender mais sobre o próprio dinheiro e se tornar mais organizado ao desenvolver planos financeiros mais adequados.

Esse processo de consultoria em seu relacionamento oferece também outro benefício que pode não ser aparente, mas é tão valioso quanto todos os ganhos materiais ou monetários que você poderá alcançar. Você e seu parceiro descobrirão juntos questões-chave que poderiam prejudicar seu relacionamento e sua família se nunca fossem resolvidas. Nos relacionamentos, Magos financeiros transformam-se ao perceber que, no fim, o importante na jornada da vida nunca foi dinheiro, e sim segurança, confiança, amor, autoestima, honestidade, valorização, fé, compaixão e propósito. Estes são presentes poderosos para conduzir o relacionamento, e é isso que desejo que você e seu parceiro conquistem.

Reconhecer os arquétipos ativos na vida de vocês é um ponto de partida para a transformação de seu relacionamento. Ao compreender suas histórias financeiras e o que está por trás de seus tipos financeiros atuais, você vai identificar quais os padrões e comportamentos estão impedindo você e seu parceiro de se tornaram um casal Mago-Guerreiro, a mais poderosa combinação dos arquétipos.

Teste do tipo financeiro

Circule todas as características que se aplicam a você quando o assunto é dinheiro.

1 ansioso	2 propenso à culpa
3 e 7 financeiramente bem-sucedido	2 e 5 financeiramente irresponsável
2 saudosista	1 e 2 impotente
1 financeiramente dependente	2 sofre por antecipação
1 e 8 confiável	3 disciplinado
2 dependente	8 confiante
1 ingênuo	4 dificuldade em receber
4 sente-se traído	5 descuidado
7 julgador	8 consciente
3 e 4 protetor	1 e 5 despreocupado
3 e 8 engenhoso	2 e 4 resignado
4 e 7 manipulador	2 e 4 passivo-agressivo
4 e 7 controlador	3 e 8 sábio
4 desprendido	5 e 8 otimista
4 e 8 compassivo	6 e 8 autêntico
5 indisciplinado	7 materialista
5 impulsivo	6 e 8 visionário
5 aventureiro	8 independente
6 destacado	7 obsessivo
6 internamente motivado	4 independente
8 equilibrado	5 imprudente
6 passivo	7 zangado
1 e 6 evita confrontos	6 resistente
6 e 8 criativo	1, 2 e 7 temeroso

8 transforma a realidade	2 ressentido
6 e 8 espiritual	5 excessivamente generoso
7 opressivo	8 bem-sucedido
4 perfeccionista	6 recluso
2 altamente emocional	6 antimaterialista
1 procura ser ajudado	1 indeciso
2 e 7 não perdoa facilmente	1 busca segurança
3 e 8 poderoso	7 sigiloso
3 concentrado no objetivo	3 colaborador
3 e 7 calculista	5 compreensivo em excesso
5 imediatista	5 inquieto
3 e 8 generoso	3 leal
8 guiado pela fé	6 conflituoso
3 perspicaz	3 cauteloso
4 zeloso	1 reprime sentimentos e crenças

Cada característica no questionário tem de um a três números à esquerda. Cada um desses números corresponde a um dos oito tipos financeiros. Abaixo está uma lista dos tipos financeiros com seus números correspondentes. Faça a contagem total de cada número que circulou. Se você circulou uma característica com dois ou mais números, conte-os para cada tipo ao qual se aplicam.

Cálculo do tipo financeiro	Exemplo
1 = Inocente ______	III (3)
2 = Vítima ______	II (2)
3 = Guerreiro ______	IIIIII (6)
4 Mártir = ______	IIIII (5)
5 Louco = ______	II (2)
6 = Criador/Artista ______	II (2)
7 = Tirano ______	IIII (4)
8 = Mago ______	IIIIIIII (8)

A categoria em que você tem a maior soma indica seu tipo financeiro primário. A pontuação maior ou igual a cinco em qualquer categoria indica seus tipos ativos. Esses são os tipos ativos que regem sua vida e suas decisões financeiras. A pontuação menor ou igual a quatro representa um tipo financeiro passivo. Apesar de os passivos geralmente não serem presentes ou determinantes em sua vida diária, eles podem ser acionados e se tornar ativos durante momentos de estresse ou quando você se sentir ansioso ou financeiramente ameaçado.

Identificando suas sombras

A pontuação maior ou igual a cinco em qualquer categoria representa um tipo financeiro ativo que está presente em sua vida. Se você não está consciente dessas características, talvez elas representem aspectos ocultos ou uma sombra de si mesmo que você nunca se preparou (ou nunca teve vontade) para olhar. Uma vez que a conscientização é o início da transformação, esse é um momento oportuno para examinar e compreender sua *sombra financeira*. Todos nós possuímos um lado sombrio que representa as partes escondidas, secretas ou renegadas dentro de nós mesmos. Esses aspectos são partes fragmentadas de si que não se manifestam com frequência e, portanto, desconectam-se do todo. Aprendemos desde cedo a "vestir o nosso melhor", a fim de satisfazer nossas necessidades ou evitar a rejeição. Isso é oneroso para nós, porque nos faz sentir que não seremos vistos, amados ou admirados pelo que somos de verdade. Sentimos que devemos, na verdade, esconder aquilo que somos.

Padrões financeiros herdados

Além de nossos padrões financeiros e comportamentos individuais, possuímos o legado inconsciente de nossa família de origem. Enquanto somos crianças em fase de crescimento, absorvemos tudo o que nos rodeia, como pequenas esponjas. Quando nossos pais estão estressados com as finanças ou se tornam emocionais e reativos, deixam um padrão e uma impressão duradoura dentro de nós também. Por isso é tão importante prestarmos atenção em nossa linguagem e em nossos comportamentos com relação ao dinheiro na presença dos filhos.

Pares comuns de arquétipos entre casais

Muitos pares podem se formar dentro desse sistema arquetípico. Para determinar os arquétipos primários no relacionamento, faça primeiro o teste do tipo financeiro e determine o seu tipo financeiro individual. Depois de determinar seus tipos financeiros ativos primários, fica muito fácil definir o estilo financeiro de seu relacionamento. Abaixo estão as descrições dos pares arquetípicos dominantes, passivos e mistos que são mais comuns entre os parceiros. Enquanto alguns casais têm dois arquétipos dominantes, outros criam uma combinação dominante/passivo, em que um dos parceiros tende a tomar a dianteira no controle do dinheiro e das finanças pessoais.

Os arquétipos dominantes – Guerreiro, Mártir, Louco e Tirano – são geralmente mais ativos na dinâmica financeira de uma relação. Os passivos – Artista/Criador, Inocente, Vítima – tendem a ser menos engajados ou preferem não se envolver nas questões financeiras se puderem. O Mago é o tipo financeiro "ideal" e representa uma influência puramente positiva; esse aspecto não cria desequilíbrios como os outros e, por isso, não está incluído nos sorteios Dominante/Passivo abaixo.

Pares comuns de arquétipos com ao menos um dominante

Guerreiro-Guerreiro. Nesse emparelhamento, o que é bastante incomum em minha experiência, os dois guerreiros provavelmente são vistos como um "casal poderoso". Isso significa que são muito concentrados nas metas financeiras, recebem salários altos e são ótimos para fazer o dinheiro crescer. A única desvantagem é que eles tendem a se tornar competitivos entre si ou querer liderar o outro, o que pode causar atrito e possíveis problemas de intimidade.

Guerreiro-Mártir. Essa combinação também pode ser muito poderosa, mas o Mártir talvez sinta que seu papel é cuidar dos outros (como resgatar filhos mais velhos), e o Guerreiro possivelmente se canse disso. O Mártir é mais propenso a ter dificuldade em lidar com limites e pode sentir que é bom se sacrificar em benefício dos outros. O Guerreiro pode ficar ressentido e se afastar de seu parceiro.

Guerreiro-Louco. Em geral, Guerreiros não suportam muito os Loucos. Na verdade, um arquétipo Guerreiro pode facilmente passar a desrespeitar seu parceiro Louco em decorrência da incapacidade deste de ver a situação como um todo. Em geral, o Guerreiro tem pouca tolerância para qualquer um que considere indisciplinado, impulsivo ou incapaz de tomar decisões financeiras prudentes. Existe uma enorme chance de haver conflito nesse relacionamento.

Guerreiro-Tirano. Esses dois arquétipos podem bater de frente constantemente, pois ambos costumam ser competitivos, e o Tirano não concorda facilmente com as necessidades de outras pessoas. Aqui estão em jogo questões de poder e controle entre os dois, além de ser improvável que qualquer um deles entregue o controle, o que torna difícil manter a intimidade.

Mártir-Mártir. Observar esse casal é muitas vezes como assistir a uma maratona de reclamações, em que os dois tentam ser o ponto de equilíbrio e, juntos, estão sempre resgatando alguém. Esse casal pode experimentar uma infinidade de problemas e até brigar para ver quem se sacrifica mais. Mártires podem ser perfeccionistas e sofrer de excesso de trabalho ou indisciplina, uma vez que não têm limites adequados. No entanto, provavelmente vão encontrar consolo e conforto mútuo em seu sofrimento e sacrifício.

Mártir-Louco. A inquietação e falta de disciplina do Louco podem gerar na vida financeira mais sofrimento e autossacrifício, o que exigirá o resgate por parte de seu parceiro Mártir. Isso pode se transformar em um sofrimento por antecipação para o Mártir, e consequentemente em ressentimento e sensação de traição.

Tirano-Mártir. O Tirano pode considerar o Mártir passivo-agressivo como responsável por seus compromissos e suas necessidades. No entanto, como o Tirano se torna cada vez mais controlador e inseguro, pode acabar sendo muito agressivo com o Mártir, que é bastante sensível e sentimental. Como reação, o Mártir talvez tente se vingar do comportamento controlador do Tirano ao dar em excesso e extrapolar nos gastos. Isso pode fazer com que o Tirano se sinta ameaçado e comece a guardar segredos (escondendo dinheiro e bens), gerando agressão e raiva.

Tirano-Louco. O Tirano pode se sentir provocado pelos gastos impulsivos e pelo comportamento financeiro irresponsável do Louco. Os dois arquétipos são polos opostos, uma vez que o Louco é destemido com relação ao dinheiro e o Tirano é o mais temeroso de todos. Como resultado, o Louco, sem dúvida, desperta insegurança e necessidade de controle no Tirano, tornando os conflitos inevitáveis.

Tirano-Tirano. Essa é uma bomba prestes a explodir. Lembra da Segunda Guerra Mundial? Esconda suas armas!

Louco-Louco. Eles se divertirão muito juntos, terão grandes aventuras e, provavelmente, irão à falência, uma vez que gostam de arriscar e apostar, como se ganhar dinheiro fosse uma grande brincadeira.

Pares de arquétipos comuns com ao menos um passivo

Guerreiro-Inocente. O Guerreiro leva nas costas a vida financeira do casal. O Inocente em geral aceita esse acordo, porque raramente quer ser responsável pelas finanças e anseia pela segurança oferecida por seu parceiro Guerreiro.

Vítima-Guerreiro. O Guerreiro vai ser o gerente financeiro da família nessa combinação também, mas o arquétipo da Vítima, muitas vezes, reclamará e até mesmo sabotará o relacionamento por causa de sua propensão para sofrer por antecipação. Nesse caso, o Vítima tenderá a culpar o Guerreiro dizendo que esse foi muito controlador, ou encontrar alguma outra justificativa, pois ele raramente assume a responsabilidade.

Guerreiro-Criador/Artista. Tal como acontece com a combinação entre o Inocente, o Guerreiro ficará encarregado dos assuntos financeiros desse casal. O Criador/Artista geralmente se dá bem com esse arranjo, desde que possa opinar sobre o estilo de vida. O Criador/Artista é um amante da liberdade, da beleza e da criatividade. Se o Guerreiro não reconhece ou tenta controlar a liberdade de seu parceiro, problemas podem surgir.

Mártir-Inocente. Levando em consideração que o Mártir gosta de cuidar de outras pessoas e de resgatá-las, esse pode ser um ajuste confortável para ambas as partes, porque os dois terão suas necessidades satisfeitas com facilidade. No entanto, o Mártir pode ficar ressentido, se seu parceiro Inocente o subestimar e não der a ele o apreço e reconhecimento que tanto anseia.

Vítima-Mártir. Este é semelhante à combinação Mártir/Inocente, porém, nesse caso, ambos os tipos podem ser passivos-agressivos, e isso pode levar a um conflito financeiro cheio de culpa e ressentimento. Tenha muito cuidado se você se encaixa nessa situação!

Mártir-Criador/Artista. De novo, uma vez que o Mártir está feliz por ser o salvador e zelador, o Criador/Artista tem a liberdade para manifestar suas características. Uma vez que o Criador/Artista não se apega a dinheiro nem entra em conflito por causa dele, essa relação é positiva para ele. No entanto, esse acordo pode incomodar o Mártir se ele sentir que tem de se sacrificar e trabalhar duro enquanto o Criador/Artista segue seu caminho criativo ou espiritual.

Louco-Inocente. De acordo com o ditado, "O que vem fácil vai fácil". Infelizmente, nessa combinação, é em geral o dinheiro do Inocente que vai embora. Essa pode ser uma relação desafiadora do ponto de vista financeiro, porque o Inocente é atraído pelo charme do Louco e confia de modo ingênuo em suas ideias e seus esquemas. Infelizmente, no fim das contas, isso representa grandes perdas e desafios na mão do Tolo, e deixa o Inocente com a sensação de traição.

Vítima-Louco. Uma vez que o Vítima está com frequência sofrendo por antecipação, ele geralmente espera pelo pior. Não é por acaso que esses dois costumam se juntar. O Louco, um aventureiro charmoso, cai na armadilha e, inconscientemente, cumpre o presságio da vítima. Essa combinação também pode gerar grandes desafios e conflitos financeiros.

Louco-Criador/Artista. Por também não ser ligado a dinheiro, o Criador/Artista se dá bem com o desapego financeiro do Louco. A diferença, porém, é que o Criador/Artista está tão distante do dinheiro que perder não significa necessariamente o fim como pode representar para os outros arquétipos. Além disso, a natureza espiritual do Artista/Criador o torna mais propenso a perdoar o parceiro Louco.

Tirano-Inocente/Vítima/Criador/Artista. O Tirano tende a dominar o dinheiro com punho de ferro junto a esses pares arquetípicos. Em geral, os tipos passivos não vão enfrentar isso, mas podem se sentir oprimidos pelo Tirano, que os fará internalizar seus sentimentos e evitar confrontos por medo. Eventualmente, a falta de segurança e intimidade pode levar os tipos mais passivos a buscar opções mais seguras dos pontos de vista emocional e financeiro, dependendo de sua tolerância e autoestima.

Casais de passivos

Inocente-Inocente. Esse par é como um cego guiando o outro. Nenhum dos parceiros quer estar no comando, e os problemas podem surgir quando um ou ambos tiverem de se impor para evitar problemas financeiros.

Vítima-Vítima. Esse par pode significar um grande desafio do ponto de vista financeiro, porque eles não superam o passado facilmente. Reprimidos e resistentes, eles tendem a culpar um ao outro e passar por muitas dificuldades financeiras por causa dos próprios comportamentos inconscientes, uma vez que nenhum dos dois está disposto a assumir a responsabilidade.

Criador/Artista-Criador/Artista. Esses dois podem se divertir muito juntos e, possivelmente, se virar muito bem, sendo ou não financeiramente bem-sucedidos. Pode ser que passem por alguns desafios ao longo do caminho, mas enquanto ambos viverem livre e autenticamente, eles podem se contentar com menos, porque não se importam muito com dinheiro ou com o mundo material.

Não é raro ter mais de um tipo financeiro dominante no relacionamento. Normalmente os dois se relacionam de modo tão intenso que se tornam ou *complementares* ou *conflitantes.* Ao trabalhar com casais, concluí que seria útil lidar com os arquétipos mais desafiadores primeiro e depois passar para os outros tipos. Muitas vezes, quando você resolve os problemas centrais de um arquétipo, as questões relacionadas com os outros tipos também se acalmam.

Exercício

Os padrões financeiros do nosso relacionamento

1. Anote cada um de seus principais tipos financeiros (uma pontuação de cinco ou mais é um tipo financeiro primário).
2. Anote as características associadas a cada tipo.
3. Que tipos financeiros vocês têm em comum?
4. Que tipos financeiros lhe oferecem desafios?
5. Que comportamentos, caso houver, estão causando conflitos em seu relacionamento?
6. Qual a origem desses comportamentos – mãe, pai, ou outra pessoa?
7. Os gatilhos que você ativa são baseados em experiências do passado?
8. Agora que vocês pensaram sobre isso, como podem avançar em conjunto?

Ótimo trabalho! Juntos, vocês já estão aprendendo a se comunicar e apoiar uns aos outros com mais compreensão e compaixão.

Comunicação leva a comunidade, isto é, à intimidade, compreensão e valorização mútua.

Rollo May, *Poder e inocência*

4 Criando a linguagem da intimidade financeira

Para mim, intimidade financeira significa a capacidade de se comunicar aberta e honestamente com nosso parceiro a respeito do dinheiro, além de nossas esperanças, nossos medos, nossas necessidades e preocupações com amor e respeito à relação. Além de romper velhos padrões, os parceiros precisam aprender a se tornar financeiramente verdadeiros e íntimos um com o outro. Essa é a chave e a base do senso de proteção e segurança nos relacionamentos. Quando podemos criar isso, passamos essa maneira de ser para nossos filhos também. Aprender a usar uma linguagem saudável vai melhorar significativamente a intimidade financeira a dois. Se estivermos casados ou em um relacionamento sério, nossos problemas e padrões financeiros muitas vezes entram em conflito, o que facilmente leva à desarmonia. Isso pode desencadear problemas maiores, uma vez que muitos casais não têm as habilidades de comunicação necessárias para gerenciar seus conflitos financeiros.

Antes de mostrar como mudar esse comportamento, quero ajudar a entender por que nós, seres humanos, tendemos a ser tão desconfiados e reativos emocionalmente quando o assunto é dinheiro. Essa compreensão é fundamental, porque as razões pelas quais reagimos são muito complexas. Como já mencionei aqui, o dinheiro é uma questão de sobrevivência básica, assim como nossa necessidade por alimento; nossos padrões e comportamentos financeiros estão enraizados em nosso cérebro e em alguns aspectos biológicos. O trabalho que desenvolvo se baseia em anos de pesquisa nas áreas da neurociência, neuroeconomia (a ciência do dinheiro e do cérebro) e finanças comportamentais (o estudo dos comportamentos financeiros). Esses são campos relativamente novos, mas fornecem novas informações muito importantes para entendermos nossa relação altamente complicada e enigmática com o dinheiro.

Compreendendo nossos complexos comportamentos financeiros

Independentemente do que possa parecer, seu parceiro não se comporta de modo irracional ao discutir as finanças por natureza. É muito provável que também não se comporte dessa maneira para irritar ou despertar seu rancor. Na verdade, provavelmente ele não entende os próprios comportamentos irracionais ou contraditórios a respeito das finanças. A razão para isso é simples: esses comportamentos são inconscientes, e suas origens estão em nossa genética e/ou no passado.

Embora o comportamento de nosso cônjuge possa não ter nada a ver conosco, podemos e costumamos desencadear reações sem perceber. Quando isso acontece, a dor de uma história há muito esquecida de repente volta ao presente. Muitas vezes, isso acontece de maneira irracional e contradiz aquilo que conhecemos de quem amamos, podendo gerar uma cadeia de reações. De repente, ninguém sabe mais o que aconteceu e você se sente confuso e ferido pela experiência.

Aqui mostro um exemplo que ilustra como esses gatilhos emocionais frequentemente são disparados. Stacy e Joe trabalharam comigo há um bom tempo e têm alcançado grandes progressos na relação com o dinheiro, individualmente e no casamento. Eles voltaram para uma consultoria financeira avançada depois de passar por um conflito que não conseguiam resolver sozinhos.

Deborah: Então, o que está acontecendo com vocês dois? Vocês estavam indo tão bem... o que aconteceu?

Stacy: Estávamos indo muito bem até que Joe ficou desempregado, o que me deixa muito preocupada com relação ao dinheiro.

Joe: Estou fazendo tudo o que posso, mas, como de costume, Stacy acha que não estou fazendo o suficiente ou a coisa certa, e fica constantemente me cobrando! Como se eu quisesse estar desempregado e não ser capaz de sustentar a família!

Deborah: Stacy, alguma outra coisa está incomodando você? Qual é o seu medo real?

Stacy: Eu tenho medo de que sempre vai ser assim. Vou ser a única a trabalhar de verdade, ganhando a maior parte do dinheiro. Quero poder trabalhar menos e passar mais tempo com meus filhos enquanto eles ainda são jovens! Essa não é a vida que eu queria, e eu realmente fico ressentida por Joe por não se esforçar mais para melhorar nossa situação.

Deborah: O que essa circunstância faz lembrar?

Stacy: Isso me lembra quanto minha mãe trabalhava e como eu me senti abandonada porque ela estava sempre trabalhando e lutando para ganhar dinheiro.

Deborah: Excelente trabalho. Agora você descobriu qual é seu verdadeiro catalisador e por que as coisas têm afetado você tão rapidamente. Isso é apenas uma reação a algo enraizado no passado.

Stacy: Sim, e agora estou fazendo a mesma coisa com meus filhos, algo que jurei nunca fazer! Isso me deixa muito irritada e triste.

Deborah: Joe, eu sinto que você também está sendo acionado pelo passado. Do que você se lembra quando se sente criticado por Stacy?

Joe: Isso me lembra de como meu pai me tratou e como nada que eu fazia era certo ou bom o suficiente. Ela pensa da mesma maneira que ele, e isso me faz sentir como se eu fosse um fracasso.

Deborah: Então me diga, você está com problemas financeiros reais agora?

Stacy: Não muito, nós temos algum dinheiro guardado.

Deborah: Ótimo! Então, talvez devêssemos ajudar vocês a se concentrar no presente e naquilo que querem criar em vez de reagir ao passado. Afinal, agora vocês estão bem e seguros. Não se esqueçam disso. Também tenham em mente que quando estão com medo ou estressados, ficam mais propensos a ser acionados e reagir de maneira impulsiva. Da próxima vez que você sentir que está sendo acionado, dê um tempo e perceba se o que sente tem a ver com algo do presente ou do passado. Pare por cinco minutos para refletir e responder, em vez de reagir. Isso vai fazer uma diferença enorme.

Esse diálogo mostra como os conflitos financeiros no presente podem se conectar diretamente a experiências passadas, muitas vezes aquelas de nossa infância. Os conflitos e as questões financeiras que você enfrenta com seu parceiro nem sempre são o que parecem ser. Há muitas vezes uma causa por trás do conflito aparente. Se você descobrir isso, dificilmente agirá por impulso e desencadeará uma situação negativa com seu parceiro.

Aqui estão algumas perguntas que você pode fazer quando algum de vocês se sentir estressado ou reativo demais com relação a suas finanças:

1. Será que essa experiência me lembra (ou lembra meu parceiro) de uma situação semelhante na infância?
2. Tenho um medo secreto de que uma experiência do passado se repita?
3. Tenho um medo secreto de decepcionar alguém (vivo ou morto) por causa das circunstâncias financeiras resultantes da forma como fui criado?
4. Tenho um medo secreto de ser alguém que não quero ser (vivo ou morto) por causa das minhas circunstâncias financeiras?

As respostas a essas perguntas podem revelar que muito do que está por trás de suas reações é proveniente do passado, e muitas vezes, ao perceber isso, você poderá controlar seus sentimentos impulsivos. Você conseguirá perceber suas circunstâncias atuais como elas realmente são – eventos que estão acontecendo agora, sem uma necessária conexão direta ao passado.

A propósito, não se surpreenda se as perguntas que listei acima despertaram em você ou em seu cônjuge emoções fortes ao respondê-las, especialmente se esta for a primeira vez que você reflete sobre isso. Na maioria dos casos, você vai sentir alívio ao identificar as experiências passadas ou as decisões exigidas pelas circunstâncias atuais. Muitas vezes, o ato de revisitar seu passado traz à tona emoções tão fortes que você pode precisar do apoio de um conselheiro qualificado ou de um terapeuta. Não hesite em procurar ajuda se isso acontecer.

Quando reconhece os tópicos emocionais que ligam o casal a seus respectivos passados, você nota que a compreensão, a compaixão e a comunicação são o mais importante. Essas qualidades irão ajudá-los a amar e a apoiar um ao outro em seus problemas e conflitos financeiros. Casais que não conseguem fazer isso muitas vezes criam uma situação propícia para concretizar seus maiores medos.

O exercício seguinte é o mesmo que propus a Stacy e Joe, e recomendo-o a todos os casais e suas famílias.

Exercício

Tabela do amor

Pegue um bloco de anotação grande ou um quadro branco e pendure-o em um lugar de fácil visualização e acesso.

No topo do papel ou do quadro branco, escreva "Tabela do amor de nossa família". Abaixo do título, na parte superior, escreva o nome de todos os membros. Embaixo de cada nome, cada um escreve o que quiser, sejam pensamentos amorosos, críticas ou elogios, diariamente. Aqui está um exemplo:

Tabela do amor de nossa família (críticas e elogios)	
Joe Você é o melhor! Adorei a sua ajuda extra Adorei seu apoio hoje Obrigado por fazer o jantar!	**Katie** Obrigada por me ajudar esta manhã. Beijos e abraços, mãe. Estamos orgulhosos de você! Uau...
Stacy Te amo, mamãe! Nosso encontro foi divertido! Bom trabalho, mamãe Você fez a minha semana feliz	**Clyde** Você é o mais fofo! Beijos e abraços! Primeira palavra... Beijos
Sam Bom trabalho, meu filho! Obrigado por ajudar Você é demais! Nota dez pelo esforço na limpeza de seu quarto	

Algumas semanas depois de nossa sessão, Joe me disse que recebeu não uma, mas duas ofertas de emprego! Ele escolheu o que parecia o melhor para ele, em vez da vaga que pagava mais, uma vez que ele havia aprendido que isso o sabotara em seus trabalhos anteriores. Agora, Stacy trabalha apenas três dias por semana. Ela está feliz por poder passar mais tempo com os filhos e não ser mais uma reprise de sua família durante a infância. Recentemente eles me convidaram para visitar seu novo bebê. Fiquei emocionada ao ver o mural do amor fixado na parede e seu filho de 5 anos escrevendo recados fofos com rostos felizes para seus pais e irmãos. Escrever palavras de amor e afeto ao outro acabou se tornando um hábito diário para todos. Uma coisa tão simples, mas que mudou suas vidas!

Todo relacionamento passa por desafios ou conflitos financeiros em algum momento. Independentemente das causas desses problemas, se seu relacionamento está passando por uma situação difícil, você pode usar algumas estratégias para atravessar essa fase. Aqui estão sete passos que realmente o ajudarão. Lembre-se que agora, mais do que nunca, você precisa que seu relacionamento forneça amor e apoio contra a tempestade ao redor.

Os sete passos da sobrevivência do relacionamento

1. Lembre-se de que os principais problemas financeiros são desencadeados sob estresse, mas não se originam na relação especificamente. Eles representam as feridas não cicatrizadas de sua infância (ou talvez de um relacionamento anterior) que você provavelmente trouxe para seu presente. Tenha compaixão por seu companheiro e tente entender as feridas do passado dele. Preste atenção em como você aciona o outro e evite agir dessa maneira.
2. É tão fácil se concentrar no que está errado que muitas vezes nos esquecemos do que é bom e justo em nosso relacionamento. Faça uma lista do que está dando certo em seu relacionamento e do que você ama em seu parceiro. Compartilhe isso abertamente. Não há nada como ouvir palavras sinceras de aprovação e agradecimento para acalmar os ânimos ou aliviar as mágoas.
3. Diferenças financeiras surgem quando não comunicamos de modo eficaz nossas necessidades, nossos medos e nossos ressentimentos, que se acumulam ao longo do tempo. Aprenda a falar abertamente, com calma e sem culpa. Se há um problema aparentemente sem solução, procure orientação de um conselheiro de confiança, terapeuta, ou guia espiritual.
4. Respeitem um ao outro e aceitem suas diferenças ou ao menos trabalhem juntos para resolvê-las. Não deixe que elas destruam seu relacionamento. Com ajuda, você pode aprender a lidar com essas diferenças e, talvez, até mesmo crescer juntos por causa delas, e não apesar delas.
5. Durante períodos de conflito, faça um pacto de não provocar o outro até que tudo esteja mais calmo. Faça uma caminhada, medite ou recorra a sua fonte espiritual para orientação e apoio por meio da oração diária.
6. Assim que você estiver calmo e com os pés no chão de novo, encontre um momento para praticar a bondade, a compaixão e o

perdão. Nunca saia ou vá para a cama com raiva! No Money Coaching Institute, ensinamos e exercemos uma antiga prática espiritual havaiana de reconciliação e perdão chamada Ho'oponopono, adaptada pelo sacerdote Morrnah Simeona. Tenho testemunhado milagres por meio do poder desse simples processo. Vi famílias com raiva curarem crises e feridas que causaram anos de dor e destruição. Assisti à cura profunda entre pessoas que não se falavam havia anos. Aplico esse ensinamento na minha vida sempre que passo por qualquer tipo de conflito ou perturbação. Recomendo que todos os casais usem isso como um ritual para curar feridas, raiva ou brigas. Ho'oponopono pode ser conduzida com seu parceiro ou à distância. Considero as duas maneiras igualmente eficazes. Se você estiver só, simplesmente visualize seu parceiro (ou seja quem for) no centro de sua mente e diga o nome da pessoa em voz alta, seguido por estas palavras:

Eu te amo.
Sinto muito.
Por favor, me perdoe.
Obrigado.

Repita as palavras como um mantra até que você sinta alguma libertação ou abertura em seu coração. Continue a fazer isso diariamente até sentir uma mudança no relacionamento.

Se seu parceiro estiver aberto e receptivo, faça esse processo em conjunto. Fique de pé, de frente para o outro, de mãos dadas. Olhe nos olhos um do outro e se revezem repetindo estas palavras:

Eu te amo.
Sinto muito.
Por favor, me perdoe.
Obrigado.

7. Independentemente de como está conduzindo esse processo, esteja preparado para que milagres aconteçam. Nunca deixo de me surpreender como algo tão simples poderia ser a causa de tantos milagres! Portanto, o perdão por si só é, talvez, a receita de cura mais acessível hoje, imagine!

Mantenham a parceria e continuem trabalhando juntos como uma equipe. Em muitos casos, o momento em que um parceiro se torna um adversário sinaliza o começo do fim do relacionamento. Infelizmente, isso pode resultar de um desvio interno, sutil e emocional ou de uma mudança na atitude que não notamos de imediato. Se você está se opondo ao seu cônjuge, encarando-o como um concorrente ou adversário, é importante tomar medidas imediatas para mudar sua atitude. O mesmo se aplica se estiver percebendo essa mudança na atitude de seu cônjuge.

Você e seu cônjuge precisam se esforçar juntos para superar os desafios que a vida impõe. Equipes podem ser eficazes e poderosas, mesmo quando seus membros não são perfeitos. Reflita sobre os seguintes pontos para melhorar o trabalho em equipe:

- De que maneira as falhas e as fraquezas do meu cônjuge podem se tornar pontos fortes? Existem circunstâncias em que essas qualidades ajudam a mim ou a nossa família sem que eu reconheça totalmente?
- O que meu cônjuge é capaz de fazer que sou incapaz ou não estou disposto? Como isso contribui para nosso relacionamento e nossa família?
- Pelo que sou grato a meu cônjuge?
- De que tipo de ajuda meu cônjuge precisa que posso oferecer?
- De que tipo de ajuda necessito que meu cônjuge pode proporcionar?
- Em que aspectos precisamos melhorar individual ou conjuntamente?
- Que mudanças posso esperar de meu parceiro ou de mim mesma? Que fatores são suscetíveis à modificação?
- Quais atividades das que gostamos poderíamos fazer juntos a fim de atuar como uma equipe?
- Quais conflitos não resolvidos estão nos afastando? Como podemos superá-los?
- O que mais aprecio com relação a nós juntos (não individualmente)? Unidos, o que trazemos de especial ao mundo?

Para ter sucesso com essa abordagem, você e seu cônjuge precisam estar comprometidos a trabalhar como uma equipe. Se você está tentando ser um bom membro do time, enquanto seu parceiro é indiferente, vai ter rapidamente o sentimento de traição do Vítima ou de frustração do Mártir.

É preciso dois!

Aprendendo a falar sobre dinheiro

Diante do fato de que não somos educados para falar sobre dinheiro, minha visão de consultora financeira me fazia pensar que eram necessários apenas mais programas de instrução financeira integrados ao sistema de educação para resolver o problema. No entanto, aprendi que, se não aprendermos a falar sobre dinheiro ou se não entendermos nossos comportamentos monetários, a educação financeira é insuficiente. Orientação comportamental e comunicação saudável são tão importantes quanto a educação financeira, se não mais.

Como grande defensora da instrução e educação financeira, digo que o verdadeiro problema é que não sabemos como falar sobre dinheiro. Na verdade, a maioria de nossas conversas, quando acontecem, são repletas de medo, raiva, frustração e culpa. Sem dúvida, esse é um dos assuntos que mais desperta sentimentos entre os casais e, portanto, é um assunto que muitas vezes evitam ou lidam de modo pouco eficiente.

Estabelecendo uma comunicação financeira saudável

Muitas pessoas acham que os princípios e as ferramentas desenvolvidas pelo Centro de Comunicação Não Violenta são úteis na hora de instituir comportamentos de comunicação mais positivos. Localizado no Novo México, o centro é um líder mundial em ensinar às pessoas técnicas saudáveis de comunicação. Os princípios da comunicação não violenta são simples e diretos, baseados em maneiras saudáveis, claras e efetivas. Todos podemos aprender a nos comunicar dessa maneira, a fim de viver em paz e harmonia uns com os outros.

Basicamente, a comunicação não violenta compreende a linguagem como meio de transmitir tanto informações quanto emoções. A comunicação passa dos limites quando oferece alguma informação que ataca ou faz a outra pessoa se sentir mal. Ninguém gosta de se sentir assim.

Perguntas como "Por que você fez tal coisa/agiu de tal maneira?" são difíceis de responder, porque ninguém sabe realmente por que comete erros ou enganos na vida. Se soubessem, fariam de maneira diferente! O que a pessoa sabe é que você está com raiva e querendo brigar com ela.

No entanto, a comunicação não violenta não incentiva você a guardar suas emoções e nunca mais falar sobre elas, e sim a pensar em como comunicar suas necessidades e seus pontos de vista de maneira que possa ser ouvido pelos outros. Se você está com raiva, é melhor assumir isso diretamente na conversa ("Estou me sentindo muito zangado e com medo") do que criar insinuações ou atacar a outra pessoa para expressar seus sentimentos ("Você pode me explicar por que só pensa em si mesmo?").

Aqui estão algumas maneiras simples, mas altamente eficazes, de conversar sobre dinheiro usando frases positivas e não acusatórias para resolver os problemas e as preocupações:

Comunicação nociva e provocativa: "Eu estava conferindo nossas finanças e notei que você gastou dinheiro em coisas só para você que não estavam no orçamento, o que me faz sentir enganado e com muita raiva".

Comunicação positiva e saudável: "Querida, estou um pouco preocupado com nossas finanças e pensei em rever com você o orçamento e os gastos para me sentir mais seguro".

Comunicação nociva e provocativa: "Por que você gastou tanto dinheiro em presentes para as crianças? Eles já têm tudo que precisam! Que estupidez! O que você estava pensando?".

Comunicação positiva e saudável: "Percebi que você foi fazer compras para as férias e fiquei um pouco preocupado quando vi a conta. Pensei que tínhamos concordado sobre o orçamento. Vamos conversar sobre o que aconteceu para fazer essas compras?".

Comunicação nociva e provocativa: "Sinto que, enquanto eu trabalho mais e mais para sustentar nossa família, você simplesmente continua gastando mais e mais. Talvez você devesse se tornar o chefe da família; e eu, ficar em casa e fazer as compras!".

Comunicação positiva e saudável: "Podemos conversar? Estou triste e um pouco frustrado com a nossa situação financeira. Podemos nos esforçar para juntar uma poupança? Eu realmente preciso de sua ajuda nisso".

Antes de iniciar uma conversa financeira, pense um pouco sobre suas necessidades e seus sentimentos. Por exemplo: "Estou nervoso e com medo com relação ao dinheiro. Preciso sentir mais segurança e controle das finanças da nossa família".

Em seguida, aborde seu parceiro ou cônjuge em um momento oportuno e diga algo como: "Estou um pouco temeroso sobre nossas finanças ultimamente, e nossos hábitos têm me preocupando. Preciso de um tempo para conversar com você sobre isso para que, juntos, possamos descobrir uma maneira de resolver essa situação. Podemos falar sobre isso agora ou reservar um tempo para essa conversa ainda nesta semana?".

Abaixo está o modelo básico oferecido pelo Centro de Comunicação Não Violenta. Ele pode ajudar você e seu parceiro a se conectar às suas necessidades básicas. De acordo com o método, as necessidades mais primárias que temos são de "conexão física, bem-estar, segurança, honestidade, lazer, propósito e autonomia".

É muito fácil aplicar esse modelo, que ensina a ouvir com empatia e expressar honestamente seus sentimentos e suas necessidades.

Para empregá-lo na hora de discutir as finanças com seu parceiro, comece expressando honestamente suas necessidades, suas observações e seus sentimentos da seguinte maneira.

Modelo de comunicação saudável

Primeiro, afirme claramente suas observações: "Tenho consciência de que estamos gastando mais do que nossas possibilidades ultimamente".

Em seguida, expresse claramente seus sentimentos: "Estou preocupado e sinto que nosso orçamento está fora de controle, e isso me assusta".

Então, expresse claramente suas necessidades: "Preciso sentar com você, fazer um plano e cumpri-lo para não acabarmos com mais dívidas do que podemos assumir".

Por fim, conclua o diálogo fazendo um pedido: "Gostaria que nos encontrássemos ainda nesta semana para falar sobre isso. Você pode reservar esse tempo, por favor?".

Enquanto você se expressa honestamente com seu parceiro ou cônjuge, ele ou ela permanece presente e ouve com atenção, observando seus sentimentos e escutando suas necessidades.

Depois de você dizer o que pensa, seu parceiro pode responder algo como: "Obrigado por compartilhar seus sentimentos comigo. Tudo bem se eu pensar por um tempo sobre isso e responder com mais clareza?". Outra boa resposta poderia ser: "Eu ouvi suas preocupações e posso ver que você está com medo, então concordo em me sentar com você neste fim de semana e pensar sobre isso juntos. Eu te amo e não quero que você se sinta sozinho ou inseguro".

Como alternativa, seu parceiro pode fazer observações e expressar sentimentos, necessidades ou pedidos – por exemplo, "Minha observação é que quando você começa a sentir medo com relação ao dinheiro, entra em pânico e se torna hostil. Como posso ajudá-lo a se sentir mais seguro?".

Aqui estão alguns exemplos de palavras que você pode usar para comunicar seus sentimentos quando suas necessidades são satisfeitas:

Afetuoso	Empolgado	Inspirado
Compassivo	Maravilhado	Maravilhado
Amigável	Animado	Admirado
Amoroso	Intenso	Impressionado
De coração aberto	Desperto	
Compreensivo	Atônito	
Revigorado	Deslumbrado	
Quente	Ansioso	
Confiante	Enérgico	**Alegre**
	Entusiasmado	
Fortalecido	Intenso	Divertido
Aberto	Revigorado	Encantado
Orgulhoso	Excitado	Feliz
Seguro	Apaixonado	Entusiasmado
Protegido	Admirado	Contente
	Vibrante	Satisfeito
		Provocado

Comprometido	Extasiado	Pacífico
Absorvido	Energizado	Calmo
Alerta	Inquieto	Concentrado
Curioso	Exultante	Lúcido
Cativado	Encantado	Confortável
Absorto	Exuberante	Contente
Extasiado	Radiante	Justo
Fascinado	Arrebatador	Repleto
Interessado	Emocionado	Maduro
Intrigado		Sereno
Envolvido		Relaxado
Estimulado		Aliviado
		Satisfeito
		Sereno
		Pleno
		Tranquilo
		Confiante
	Grato	**Renovado**
	Exaltador	Animado
	Motivado	Rejuvenescido
	Agradecido	Refeito
	Tocado	Descansado
	Esperançoso	Restaurado
	Encorajado	Cheio de vida
	Expectante	
	Otimista	

Aqui estão alguns exemplos de palavras que você pode usar para comunicar seus sentimentos quando suas necessidades não foram satisfeitas:

Com medo	Adverso	Desassossegado
Apreensivo	Rancoroso	Agitado
Ressabiado	Consternado	Alarmado
Assustado	Desprezado	Desconcertado
Desconfiado	Desgostoso	Perturbado
Em pânico	Avesso	Revoltado
Petrificado	Com ódio	Aturdido
Apavorado	Horrorizado	Inquieto
Suspeito	Hostil	Chocado
Cauteloso	Espantado	Assustado
Preocupado		Admirado
		Incomodado
		Aborrecido
		Desconfortável
		Apreensivo
		Desconfortável
		Incerto
		Chateado

Nervoso	Confuso	Envergonhado
Enfurecido	Vacilante	Embaraçado
Furioso	Confundido	Desconcertado
Com raiva	Aturdido	Afobado
Indignado	Alarmado	Culpado
Irado	Hesitante	Acabado
Machucado	Perdido	Constrangido
Desafiado	Enganado	
Ressentido	Perplexo	
	Intrigado	
	Arrasado	

Irritado	Desconectado	
Afrontado	Alienado	
Descontente	Indiferente	
Desanimado	Apático	
Insatisfeito	Entediado	
Exasperado	Frio	
Frustrado	Desinteressado	
Impaciente	Distante	
Incomodado	Distraído	
Nervoso	Indiferente	
	Diminuído	
	Afastado	
	Negligente	
	Excluído	

Cansado	Triste	Vulnerável
Abatido	Deprimido	Frágil
Acusado	Abatido	Em guarda
Esgotado	Desesperado	Desamparado
Devastado	Desanimado	Inseguro
Esmorecido	Desapontado	Atento
Apático	Desencorajado	Reservado
Inerte	Desamparado	Sensível
Exausto	Carrancudo	Vacilante
Pensativo	Com o coração pesado	
Desgastado	Sem esperança	
	Melancólico	
	Infeliz	
	Miserável	

Magoado	Tenso	Ansioso
Agoniado Angustiado Enlutado Devastado Inconsolável Machucado Solitário Miserável Arrependido Cheio de remorsos	Ansioso Mal-humorado Angustiado Distraído Irritável Inquieto Fragilizado Com os nervos à flor da pele Nervoso Oprimido Irrequieto Estressado	Invejoso Ciumento Esperançoso Nostálgico Saudoso

Fonte: Centro de Comunicação Não Violenta, 2005. Disponível em: <www.cnvc.org>.

Quando sentimos que podemos falar abertamente e com segurança sobre nossos desejos e nossas necessidades, e nosso parceiro nos ouve e se mostra receptivo, começamos a criar a base necessária para que o amor e a intimidade se aprofundem. Tire um momento agora para pensar sua relação com o dinheiro, completando o exercício abaixo.

Exercício

Minhas crenças financeiras

Preencha os espaços em branco com as palavras que descrevem seus sentimentos e suas crenças sobre dinheiro.

1. Acredito que dinheiro é ____________.
2. Quando penso em dinheiro, eu me sinto ____________.
3. Quando se trata de dinheiro, o que mais preciso é ____________.
4. Quando se trata de dinheiro e nossas finanças, o que preciso de você é ____________.

Transparência financeira e honestidade

Quando eu era criança, ouvi falar de uma família que havia adotado um menino estrangeiro, que tinha sido criado em extrema pobreza e sem perspectiva de futuro. Durante meses depois da adoção, a nova família encontrava comida escondida debaixo de sua cama. Mesmo estando em uma nova situação, seguro e amado, seu medo de morrer de fome era tão grande que ele não podia confiar nas circunstâncias atuais e continuou acumulando alimentos por muitos meses.

Assim como o menino adotado, muitos de nós temos segredos que acreditamos que não serão honrados, seguros, cuidados ou amados. Criamos contas bancárias secretas, escondemos compras e às vezes não somos totalmente abertos com nosso cônjuge sobre nossa história financeira e nossas verdadeiras necessidades.

O único meio de resolver esses problemas é criando a segurança do relacionamento ao manter a verdade sempre presente. Todo mundo tem uma história passada, tristezas e pendências com o dinheiro que precisam ser curadas. Incentive a honestidade financeira em seu relacionamento, discuta abertamente questões financeiras, preocupe-se com os medos e as preocupações de seu parceiro e peça o mesmo para ele.

Aqui está um exercício individual que pode ajudar os dois a identificar e resolver algumas das histórias mal resolvidas que podem inibir a honestidade financeira e, portanto, a intimidade em seu relacionamento.

Exercício

Inventário pessoal

1. Faça um inventário pessoal para determinar quais vergonhas, segredos, raiva, medos ou preocupações você está guardando. Faça uma lista e compartilhe-a.
2. Como esses aspectos ocultos aparecem no presente? Você compensa comprando o que não precisa, gasta excessivamente ou priva-se de alguma maneira? Você está impondo alguma dessas saídas (ou seus opostos) ao seu cônjuge ou aos filhos?

3. Que medidas podem ser tomadas para resolver essas questões e deixá-lo seguro?
4. Se você tomou essas medidas, como poderá melhorar sua situação e sua intimidade financeira?

Esse não é um exercício simples. Ele exige que você examine suas pendências com o passado, o que não é agradável para ninguém. Significa também expressá-las a seu cônjuge, que tem os próprios desafios. Para esse exercício, recomendo que você respeite os limites do outro e permita que ele complete o exercício por conta própria. No entanto, o objetivo é melhorar tanto a honestidade quanto a intimidade financeira no relacionamento. Se você ou seu parceiro precisarem se comunicar mais, sugira mudanças na conclusão desse exercício e, por favor, ouçam um ao outro com amor, compaixão e aceitação.

O amor é a única medalha de ouro.

— Alfred, Lord Tennyson, Becket

5 Gerenciando as conversas sobre dinheiro

Aprender a se comunicar de maneira eficaz sobre dinheiro é a chave para o sucesso de todos os relacionamentos íntimos. Infelizmente, essas conversas são tão carregadas de emoção que muitos casais podem querer evitá-las completamente. Este capítulo explora alguns modos de fazer isso e oferece algumas regras que podem ajudar a garantir resultados financeiros e emocionais positivos para todos. Para começar, ele será útil para estabelecer uma nova base para a comunicação, que não se concentra apenas no dinheiro, mas aborda o que você tanto quer dar e receber em seu relacionamento. Falar em voz alta suas necessidades vai ajudá-lo a ter consciência e reconhecer as demandas essenciais do outro. Ao trabalhar em conjunto para desenvolver uma sintonia mais profunda, vocês vão expandir a vontade de ser verdadeiro e aberto com o outro.

Cada relacionamento tem o próprio recipiente de dar e receber. Quando duas pessoas se sentem seguras o suficiente para mostrar e expressar plenamente tudo o que querem dar, os contêineres transbordam e elas experimentam maior abundância interior e exterior. A chave é a reciprocidade. Você e seu parceiro têm plena consciência do que cada um dá e recebe um do outro? Vocês reconhecem e elogiam em público um ao outro? Infelizmente, muitos casais se esquecem disso com o tempo.

Se você ou seu parceiro se apoia na maneira como você dá, o relacionamento pode estar sofrendo de uma carência. Esse tipo de pensamento requer uma nova compreensão de "contas a receber". Por exemplo, se o dinheiro não está fluindo bem na vida de vocês, é possível que o "dar ou receber" entre vocês esteja desequilibrado. Você se sente desconfortável quando está recebendo? Ou se sente tanto no direito de receber que ocasionalmente acaba negligenciando a reciprocidade desse gesto? Esses dois elementos representam aspectos igualmente importantes de nossas necessidades humanas básicas. É essencial dar uma olhada nas "contas a receber" de seu relacionamento para determinar quão equilibrados ou desequilibrados vocês se tornaram. Isso não significa que você precisa manter o controle o tempo todo, ou mesmo que o dar e receber deve ser sempre equilibrado. Às vezes uma pessoa no relacionamento precisa de mais do que o outro, e isso é saudável. Quando você está equilibrado, sente um equilíbrio entre déficit e superávit de energia – de preferência um excedente!

Contas a receber – barômetro de relacionamento

Déficit em "dar" – Ocorre quando uma pessoa está exagerando em agradar o outro. Isso leva a irritabilidade e ressentimento.

Recebendo em excesso – Ocorre quando uma pessoa no relacionamento se sente excessivamente no direito de receber, é egoísta e ignora as necessidades do parceiro.

Recebendo pouco – Ocorre quando um ou ambos os parceiros são desconectados emocionalmente e já não estão abertos para receber. Isso leva a esgotamento emocional, sofrimento e autossacrifício.

Gastos deficitários – Ocorre quando ambas as partes não têm as necessidades atendidas e ficam com pouca energia, pouco entusiasmo ou pouca paixão. O que quer que os casais façam parece mais um esforço, e ambos podem estar se esgotando, emocional e financeiramente.

Despesa excedente – Este é o lugar ideal para o seu relacionamento. Quando duas pessoas dão e recebem conscientemente, experimentam conforto e alegria. Elas se sentem cuidadas, próximas e íntimas porque suas necessidades estão sendo satisfeitas. Como resultado, ambas são capazes de dar e receber de maneira aberta e com abundância. Seu recipiente transborda, quanto mais se dá, mais se recebe. Esse tipo de reciprocidade consciente permite que o ciclo natural de dar e receber se perpetue e se restaure.

Dar e receber são atos maravilhosos de generosidade que fazem parte da nossa natureza intrínseca, assim como o amor. A única razão pela qual deixamos de doar ou amar é sentir medo ou ressentimento, ou guardar nossas dores. O mesmo acontece com nossa incapacidade de receber, quando estamos emocionalmente despreparados ou não nos sentimos merecedores. Quanto melhor a energia e a troca entre duas pessoas, mais fácil atrair e manter saudável um relacionamento pessoal e financeiro.

Exercício

Dar e Receber

Responda as seguintes perguntas em seu diário:

1. O que você tem dado ao seu casamento ou relacionamento?
2. O que você precisa receber desse casamento ou relacionamento?

Depois de concluir o exercício, compartilhem suas listas e façam ao seu parceiro estas perguntas:

1. O que você aprendeu sobre mim que não sabia?
2. Como saber isso vai ajudar você (e nós)?
3. Posso conceder espaço para você se dar completamente? Se não, o que você gostaria que eu melhorasse?
4. Você está recebendo tudo de que precisa atualmente? Há algo que eu possa melhorar?

Para ser verdadeiramente íntimo, é importante saber, em vez de imaginar, o que seu parceiro necessita dar e receber. Quando você se torna consciente e aborda as demandas do outro de verdade, seu relacionamento começará a florescer. Se você não sabe quais são as verdadeiras vontades do seu parceiro, como poderá encontrá-las? Casais muitas vezes perdem o passo nessa área. Por exemplo, um casal com quem trabalhei chegou perto do divórcio porque o marido, embora altamente bem-sucedido, estava alheio às verdadeiras necessidades da esposa. Jorge e Maria estavam casados havia mais de dez anos quando eu os conheci. Eles haviam começado como muitos outros casais, com pouco dinheiro. Com o tempo, Jorge, que era muito ambicioso, alcançou grande sucesso liderando uma empresa de biotecnologia. Eles eram multimilionários e tinham tudo o que se pode pedir materialmente. O problema era que na mente de Jorge nunca havia o suficiente. Assim, enquanto trabalhava e acumulava mais e mais riqueza, ele praticamente abandonou a esposa e os filhos, tanto do ponto de vista físico quanto emocional, pois estava sempre em viagens de negócios.

Quando Maria lhe disse que queria o divórcio, ele ficou chocado. Ele disse a ela: "Eu dei tudo para você – olhe para esta casa, esta vida. Como tudo isso poderia não ser suficiente?". Sua resposta foi: "Eu não me casei com esta casa ou esta vida, eu me casei com você, e você quase não existe nesta relação. Estou sozinha, as crianças mal conhecem você, e esta não é a vida que sempre quis. É o que você queria. Bem, você pode ficar com ela".

O arquétipo principal de Maria é o Criador/Artista, então o dinheiro não foi o que a motivou. Ela apreciava sua vida e sua casa, mas ansiava por intimidade e conexão, enquanto Jorge estava ocupado demais para oferecer isso a ela. Maria sentiu que, se por um lado ela não tinha mudado muito ao longo dos anos, por outro Jorge não era mais o homem com que ela havia se casado. Depois de alguns meses de trabalho em conjunto, Jorge percebeu que havia deixado seu arquétipo Guerreiro se transformar em um Tirano completo. Seu pai crítico e frio sempre lhe dissera que ele nunca seria nada. Ele sempre fora indiferente com Jorge. Além disso, a mãe de Jorge era passiva e não defendia o filho, o que deixou Jorge irritado ainda menino. O desejo inconsciente de Jorge era provar que seu pai estava errado, e isso o transformou em um Tirano, assim como seu pai. Não é incomum que as questões pendentes com nossos pais se tornem nossos próprios problemas. Outro fator fundamental na vida de Jorge foi a negligência de sua mãe que ele projetou em forma de raiva sobre sua esposa Maria, o que o tornou indiferente às necessidades dela.

Por minha recomendação, Jorge e Maria começaram uma terapia de casais, além do trabalho de consultoria financeira comigo. Fico feliz de dizer que eles ainda estão juntos e muito felizes. Jorge começou a perceber que tinha dinheiro mais que suficiente, mas havia perdido o rumo como pai e marido. Ele decidiu vender sua empresa e se concentrar em sua vida doméstica por um tempo, enquanto a família vivia de seus investimentos. Ele e Maria estão planejando abrir uma fundação para ajudar mães solteiras, uma causa muito importante para ela.

Fazendo amizade com o dinheiro

Muitas pessoas têm uma relação de raiva ou infelicidade com o dinheiro, mas não conseguem perceber como isso afeta sua vida. O dinheiro pode ser um bom amigo e recurso que nos ajuda a gerar paz e segurança, o que todos nós desejamos naturalmente. Embora não seja a resposta para todos os problemas da vida, ele pode e deve nos servir a um grande propósito. Então, não seria melhor fazer as pazes com o dinheiro, conhecê-lo melhor e até aprender a trabalhar e brincar com ele de maneira mais eficaz?

Note que o dinheiro é tanto o problema quanto a solução. Em geral relacionamos diretamente o dinheiro à realização de nossas necessidades. Além de cobrir demandas básicas, o dinheiro não deve ser incluído na fórmula para nos satisfazer. Se você olhar atentamente sua lista de "Dar e Receber", vai descobrir que a maioria dos casos pouco tem a ver com dinheiro.

Se não gostamos de alguém ou temos sentimentos conflitantes sobre essa pessoa, eventualmente ela vai perceber e vai se afastar ou nos evitar. A mesma coisa pode acontecer com o dinheiro. Se acumulamos muita negatividade em torno do dinheiro, ele pode se tornar escasso e gerar desafios em nossa vida financeira.

Além disso, se você ou seu parceiro acreditam de modo inconsciente que não merecem mais dinheiro ou, talvez, que ele em si seja ruim, podem criar uma realidade que reflete isso. Portanto, é importante limpar todos os pensamentos negativos de modo que seja criado um campo mais positivo para atrair e manter a estabilidade financeira almejada.

Desenvolvendo uma prática financeira consciente

Avanços na teoria quântica, na física quântica e na mecânica quântica estão indicando que um dia entenderemos a relação entre mente e matéria, a fim de começar a desenvolver seu potencial inexplorado. David Bohm, talvez o maior físico quântico do nosso tempo, acreditava que a consciência é muito mais do que informações armazenadas no cérebro; a informação em si se conscientiza e passa a fazer parte do todo. Para Bohm, "Consciência... envolve a conscientização, a atenção, a percepção, os atos de compreensão e talvez ainda mais".

Esse pensamento, junto à jornada arquetípica, aumenta nossa consciência, atenção, intenção consciente, observação pessoal, perceptividade e, finalmente, compaixão, compreensão e senso do que é correto. Quando seguimos por esse caminho, parecemos capazes de explorar nossa maior potencialidade, pessoal e financeira. Em minha opinião e experiência, é aí que manifestamos nosso maior potencial, e onde milagres nascem.

Agora sabemos que nossos pensamentos não apenas nos influenciam como se tornam *concretos* e, como tal, possuem muito potencial. Assim, pensamentos, palavras, intenções e ações têm poder real, por isso devemos usá-los com sabedoria. Eles são essenciais e fundamentais para manter os estados mental e espiritual "higienizados". Dessa maneira, mantemos o campo de sua potencialidade longe de pensamentos negativos que podem afetar ou criar bloqueios para o bem-estar pessoal e financeiro.

Infelizmente, nossas associações negativas com o dinheiro podem afetar de modo negativo nossa experiência e até mesmo sabotar a nós e nossos relacionamentos. Alguns desses pensamentos negativos ou crenças podem ter sido formados na infância, em decorrência de vivências de tempos passados, e se fixaram em nosso subconsciente.

Aplique a afirmação a seguir para limpar sua mente de todos os pensamentos negativos ou crenças que vocês tiverem. Repita essa afirmação diariamente para melhorar sua relação com o dinheiro.

Pensamento de abertura consciente para o dinheiro

Limpo minha mente de todos e quaisquer pensamentos e associações negativas sobre dinheiro. Aceito o dinheiro como uma força positiva e aliada na minha vida.

Liberto e perdoo todos os meus erros do passado sobre dinheiro.

Liberto e perdoo os erros do meu parceiro também.

Aceito minha responsabilidade por meu bem-estar financeiro.

Acredito que vivemos em um universo abundante e que essa abundância está disponível para nós, aqui e agora.

Elimino qualquer obstáculo, dúvida ou bloqueio que existe em minha mente.

Estou livre da ilusão da escassez.

Sei que isso é mais do que suficiente, eu tenho o suficiente, eu sou o suficiente.

Estou disposto e pronto para receber a graça e a abundância financeira com facilidade, abertura e o coração agradecido.

Desenvolva seu relacionamento com valorização

Quando criticamos alguém, é importante mostrar que nos preocupamos com ele e que o valorizamos. Como qualquer ativo financeiro que escolhemos para investir nossas esperanças, ele vai valorizar com o tempo. O mesmo acontece com nossos relacionamentos, que também terão mais valor e mérito. Seu relacionamento é muito mais valioso do que qualquer ativo que você terá. Se você não elogiar abertamente seu parceiro, a relação pode perder valor ao longo do tempo, o que poderia custar-lhe, em alguns casos, a metade do que você acumulou nesse período. Dedicar tempo e energia para aprender a se comunicar sobre o dinheiro é uma excelente maneira de evitar a perda desnecessária de seu relacionamento ou de ativos financeiros.

Durante uma sessão recente com Sid e Linda, um casal com quem estou trabalhando, surgiu a seguinte questão: existe uma diferença entre gratidão e apreço? – Em caso afirmativo, qual é? No meio da discussão, Sid tirou o iPhone do bolso e procurou na internet o que os outros poderiam ter compartilhado sobre a questão. Encontramos respostas muito próximas de nossas perspectivas. Uma distinção comum é que a gratidão é a base a partir da qual o apreço cresce e floresce, se estamos prestando atenção. Portanto, podemos ser gratos por algo em nossa vida sem apreciá-la.

Alcançamos o apreço quando nos tornamos mais presentes, conscientes e ativos sobre as razões de nossa gratidão. Por exemplo, podemos ser gratos por ter comida na mesa. No entanto, vamos mais longe ao apreciar a beleza, o aroma, o sabor, a nutrição e o preparo. Vamos além da gratidão quando reconhecemos conscientemente o valor que o alimento representa em nossa vida. Na verdade, uma definição da palavra valorização é "o reconhecimento da qualidade, valor, importância ou magnitude de coisas e pessoas".

Quando vivemos de maneira apreciativa, percebemos nosso parceiro como alguém que nos faz sentir mais brilhantes, leves, felizes, inspirados, energizados e amados. Gratidão e apreço transformam o que temos em algo mais. Transformam a negação em aceitação, caos em ordem, confusão em clareza. Podem transformar uma refeição em um banquete, uma casa em um lar, um estranho em um amigo, e nossa relação em algo sagrado.

Exercício

O que amo e aprecio sobre você

Faça esse exercício com seu parceiro.

Crie uma lista do que você ama e aprecia sobre o outro. Em seguida, preparem juntos um jantar especial em homenagem ao relacionamento. Acenda algumas velas, e talvez use uma roupa especial. Antes da refeição, leia sua lista em voz alta. (Talvez seja preciso ter uma caixa de lenço por perto, pois um ou ambos provavelmente irão chorar. No entanto, essas são lágrimas boas, da felicidade e da conexão que talvez não tenham sentido há um bom tempo.)

Grandes assuntos sobre dinheiro

Ao construir uma base de confiança e intimidade, torna-se mais fácil ter conversas que possivelmente você já considerou um desafio ou, até mesmo, evitou. Abaixo está uma lista de assuntos importantes que recomendo que todo casal tenha.

Gastar *versus* guardar. Muitos casais têm diferentes padrões de gastos e poupança. Se você e seu companheiro brigam na hora do gastar *versus* guardar, pode ser melhor separar o dinheiro para as despesas domésticas fixas e dividir o restante. Isso proporcionará a você a liberdade tanto para gastar quanto para poupar, dependendo de suas necessidades. Se, porém, um de vocês gasta todo o dinheiro e depois espera que o outro compartilhe suas economias, isso pode gerar problemas. Se poupar é algo difícil para um de vocês, talvez devam concordar que 50% da sua parte sobressalente serão automaticamente investidos em poupança. Esse é um cenário comum em uma relação Louco-Guerreiro.

Dívida. Essa pode ser uma conversa pesada, dependendo de seus tipos financeiros primários. Em geral, os de arquétipo Louco são os maiores devedores porque têm menos medo de arriscar. Pode ser também que o Criador/Artista e o Guerreiro não se incomodem com a dívida, especialmente se for em prol da expansão de negócios, de um bicho de estimação ou da reforma da casa. No entanto, se o seu parceiro é um forte arquétipo Tirano, talvez seja uma boa reduzir suas compras com cartão de crédito.

Misturar ou não: o seu, o meu e o nosso. Muitas pessoas entram em relacionamentos com o próprio dinheiro sem nenhuma intenção ou o desejo de somá-lo ao dinheiro do parceiro. No entanto, nem todo mundo é claro e objetivo sobre isso no começo. Tenho trabalhado com muitos casais em que um dos parceiros se sente deprimido ou rejeitado quando o outro não quer compartilhar ou juntar o dinheiro. Isso pode criar um grande desconforto para ambas as partes, e não há resposta certa ou fácil. Recomendo que os casais conversem abertamente sobre isso antes de se casar. Se um ou os dois ainda estiver desconfortável ou infeliz, resolva isso antes de formalizar o contrato. Pela minha experiência, percebo que o parceiro insatisfeito não se tornará feliz ao longo do tempo, o que pode transformar o relacionamento em uma bomba-relógio. Não, você não vai mudar a mente do outro, e quanto mais pressionar, a tendência é piorar, porque seu parceiro pode começar a questionar seus motivos. Quando você realmente ama alguém, é importante não deixar que o dinheiro seja o problema desse relacionamento. Se há conflito ou insegurança, se esforce para resolver a questão e, se necessário, procure ajuda.

Herança

Cada vez mais as heranças se consolidam como a maior forma de transferência de riqueza. Essa é uma fonte significativa de conflito entre os casais e suas famílias. As pessoas raramente percebem que o dinheiro herdado muitas vezes vem com uma forte carga emocional. Por exemplo, após a perda de um dos pais ou de outro ente querido, as pessoas estão de luto ou têm sentimentos de culpa sobre o recebimento de dinheiro associado com a perda. Isso pode impedi-los de desfrutar sua herança. Além disso, algumas pessoas consideram que devem gerir as finanças bem e de acordo com a vontade do falecido.

Todos conhecemos histórias da menina rica e mimada ou do menino que herda o dinheiro e passa a viver um estilo de vida repleto de festas e excessos. No entanto, há muito mais pessoas que vivem tranquilamente com a riqueza herdada. Na verdade, são pessoas que até alimentam sentimentos de ansiedade, indignidade, desconforto e culpa com o patrimônio. Muitos costumam dizer: "Ah, eu gostaria de ter esses problemas", mas olhando de perto podemos pensar duas vezes. Riqueza súbita raramente deixa as pessoas mais felizes e, em muitos casos, aumenta seus medos, sua ansiedade e seu estresse. No meu trabalho com casais, sempre oriento que o cônjuge com a herança tenha oportunidade para se lamentar e se acostumar com seu novo dinheiro, especialmente se for uma grande quantia.

Além disso, acredito que deve haver separação de bens sobre a riqueza herdada. Isso não significa que você não deve compartilhar sua riqueza com seu parceiro, mas nunca se deve presumir automaticamente que tudo será compartilhado. Nesse caso, é interessante firmar um acordo legal ou mesmo verbal. Por exemplo, a avó de minha cliente Melanie deixou uma pequena herança e, antes de morrer, pediu especificamente que Melanie mantivesse o dinheiro para si como um ninho. Ela disse: "Melanie, toda mulher precisa de algum dinheiro próprio. Este é para você". Melanie sentia um pouco de culpa no início, mas, depois do trabalho que fizemos juntas, ela concluiu que esse era o caminho certo para honrar sua avó e seu acordo.

Opinião sobre crédito e débito

Muitos casais têm concepções bastante diferentes quando o assunto é uso de crédito e débito. Esse é um assunto comum que pode criar problemas de confiança se não for tratado adequadamente. A preferência de vocês entre cartões de crédito e cartões de débito geralmente é determinada pelo medo de cada um ao risco. Algumas pessoas foram criadas em famílias que não utilizavam cartões de crédito por considerar dívida sempre como algo ruim. Outros, em famílias que utilizavam os cartões de crédito para pagar tudo, pois nunca tinham dinheiro. Algumas famílias pagavam o total da fatura todo mês, enquanto outros acumulavam grandes dívidas. É óbvio que hoje muitas pessoas usam excessivamente os cartões de crédito e têm mais dívidas do que o saudável ou aconselhável. No entanto, nem todas as dívidas são geradas da mesma forma, e há uma infinidade de razões legítimas para usar crédito em vez de dinheiro.

Os problemas que os casais enfrentam quando o assunto é crédito ou débito têm a ver com disputa de poder e controle baseado no medo. Por exemplo, Kevin me procurou porque sua esposa, Paola, iniciava uma discussão cada vez que ele passava o cartão de crédito. Ela o proibiu de fazê-lo, porque, segundo ela, ele colocava em risco as finanças. Quando perguntei em que ocasiões ele usava o cartão, ele respondeu: "Principalmente para o meu negócio, sobretudo quando temos problemas de fluxo de caixa".

Na verdade, seu limite era menos de 20 mil dólares de crédito empresarial, o que não é tão alto para seu tipo de negócio. No entanto, isso deixava sua esposa furiosa a ponto de ameaçar deixá-lo. Inicialmente, ele passou pelo processo de consultoria financeira sozinho em um de meus workshops intensivos. Ele aprendeu muito sobre seus padrões e incentivou Paola a participar também, o que acabou mudando a vida deles. Juntos, eles perceberam que estavam presos em uma batalha dos arquétipos em que os tipos financeiros de Paola – Mártir, Inocente e Tirano – estavam em combate com os tipos Guerreiro, Louco e Mago de Kevin. Os arquétipos primários de Paola são Mártir-Inocente, por isso ela procura segurança e suporte, mas é também uma zelosa propensa ao autossacrifício. Ter dívida é muito desconfortável para ela, e seu lado Mártir se sentiu traído e sobrecarregado pelo débito que Kevin tinha acumulado. Isso ativou sua sombra do arquétipo Tirano, que ficou irritado e se mostrou controlador, em grande parte por causa do medo e da insegurança financeira. No entanto, a dívida de Kevin não era inadequada. Na verdade, muitas vezes o uso de crédito é necessário para manter um negócio. Mas Paola é Inocente e não tinha conhecimento de questões como fluxo de caixa e crédito. Para ela, o uso de crédito era semelhante a uma "traição". Ajudei Kevin e Paola a compreender melhor seus padrões e eles se tornaram mais compreensivos sobre suas diferenças. Eles criaram novos acordos e, agora, falam e negociam abertamente suas diferenças financeiras, com calma e de coração.

Seguro

Orientei muitos casais sobre questões relativas a seguro, em especial de vida e previdência. Briguei com meu marido sobre isso também (e ganhei!). Basicamente, tudo se resume a isto: se você ama seu parceiro e sua família, pode oferecer, por pouquíssimo dinheiro, a paz de espírito de saber que se você for atropelado por um ônibus a qualquer momento eles poderão manter o mesmo padrão de vida, ou pelo menos um estilo semelhante por um tempo – ou, se você puder pagar, talvez para sempre. Qual é a dúvida? Basta fazê-lo. É a coisa certa a fazer e uma grande prova de amor. Aqui estão algumas atitudes que você pode tomar para garantir que seus entes queridos fiquem bem:

- Contrate um seguro de vida. O preço é muito barato, dependendo de sua idade e de seu estado de saúde. Ao menos, se puder pagar, separe o suficiente para manter a casa e cobrir a perda de renda enquanto você ainda tem filhos em casa ou na faculdade.
- Escolha um tipo de previdência ou aposentadoria, para que seu parceiro e seus filhos possam viver bem em caso de doença. Apólices que oferecem cuidado em domicílio (*home care)* são as melhores.
- Crie um documento com orientações claras, específicas e válidas para que sua família possa gerir seus assuntos da maneira que você desejar caso você não consiga se comunicar por conta própria.
- Deixe um testamento claro para que sua família resolva suas pendências sem intervenção legal. É comum que as famílias sofram muito por disputas legais, e, acredite, isso acontece todos os dias.

O cuidado e a atenção que você dedica agora ao planejamento de sua família vai oferecer a ela apoio amoroso e financeiro por muito tempo após sua partida. Confie em mim, eles vão se lembrar de você com gratidão, em vez de tristeza ou arrependimento, pela vida inteira.

Pais idosos

Essa seção aborda tanto problemas emocionais quanto práticos. Conversar sobre dinheiro com pais idosos pode ser uma tarefa desafiadora e pesada, pois todos os membros da família são afetados pelas decisões tomadas. Uma consultoria financeira em grupo, semelhante ao treinamento de casais, é muito bem-vinda; cada um divide com os outros o que espera dar e receber.

Todos os envolvidos precisam se entender e deixar claro cada habilidade especial, talento, capacidade, disponibilidade e de proximidade geográfica para estarem prontos na hora de lidar com as necessidades dos pais idosos. Definir responsabilidades claras, determinar limites e criar um plano de prestação de contas é importante para estabelecer e manter a confiança na família. Dê maior importância à gestão do dinheiro dos idosos, incluindo fluxo de caixa, ativos, um plano de gastos, dívidas e impostos.

Gastos com seguros têm de ser considerados, o que pode incluir o residencial, médico e previdência.

Habitação é uma questão fundamental – onde é que eles vão morar? Quem estará próximo, disposto e capaz de ajudar? Se um dos pais passar a viver na casa de um membro da família que vive com um cônjuge ou companheiro, qual poderia ser o impacto sobre o relacionamento do casal?

O abuso de idosos é uma preocupação, e não envolve apenas os maus-tratos por parte de familiares ou cuidadores. É preciso se preocupar com tentativas de fraude daqueles que tentam roubar o dinheiro de idosos. Quem será responsável pela segurança dos pais?

O plano de sucessão deve ser posto em prática, e isso inclui muito mais do que pode ser discorrido em um parágrafo curto. Contudo, é importante dizer que cuidar de negócios no fim da vida é muito mais fácil quando há um planejamento feito com bastante antecedência, e que muitas vezes requer a assistência de profissionais especializados.

Aposentadoria

A aposentadoria é outro assunto que traz muitos desafios. Isso inclui não apenas decisões de dinheiro, mas também gestão do tempo de vida, os interesses individuais e compartilhados, saúde, alimentação, impostos, assuntos legais e bens. Como as decisões serão tomadas? Quem será o responsável por elas? Como um acordo comum pode ser alcançado? O casal tem sonhos em comum ou diferentes visões de como viver essa fase?

Muitas mudanças podem ocorrer nesse momento, incluindo onde e como viver, quem estará por perto, o que fazer com aqueles que podem se distanciar, como ocupar o tempo, como evitar o tédio, o que vem em seguida na vida, e muito mais. Todas essas questões precisam ser discutidas e planejadas abertamente se você espera se aposentar com sucesso um dia. Steven Shagrin, um consultor financeiro que frequentemente cito aos clientes, oferece este grande conselho:

> Uma vez que você tem um projeto em comum para a aposentadoria, você precisa determinar quanto isso pode custar e se há recursos financeiros suficientes. Se não, o que será cortado e quem vai tomar essa decisão? Quem poderá continuar trabalhando para trazer a renda necessária para a família? A melhor maneira de lidar com essas questões financeiras é ter conversas claras sobre o dinheiro em uma frequência regular. Anote tudo que foi apresentado aqui, sente-se com seu parceiro e discuta como você deseja resolver cada assunto. Não deixe para depois nem fuja, como a maioria dos casais faz. No fim, você vai ser grato por ter tempo de se preparar para os ciclos e as mudanças que a vida traz.

Tomar as atitudes apropriadas para garantir o cuidado de quem amamos faz parte de valorizar e estimar nossos relacionamentos. Basta traçar um plano e se esforçar!

Quando o dinheiro é visto como uma solução para todos os problemas, ele se torna o problema.

— Richard J. Needham

6 Armadilhas e questões financeiras comuns

É nos relacionamentos que, muitas vezes de modo traumático, tiramos nossas *máscaras* e ficamos totalmente vulneráveis e expostos, possivelmente pela primeira vez. Assim que abandonamos as expectativas e começamos a aceitar um ao outro e as circunstâncias como elas realmente são, podemos experimentar o amor verdadeiro em vez do romântico, assim como a nós mesmos e nossos parceiros. Isso não significa que temos de nos resignar às circunstâncias. Podemos e devemos continuar lutando e esperando pelo melhor, mas assumir uma atitude de aceitação e gratidão pelo que já temos nos faz bem e torna o percurso mais bonito e ainda mais tolerável.

Quando estamos em harmonia com o dinheiro, tendemos a nos sentir seguros com o presente e esperançosos com o futuro. O mesmo acontece quando nos sentimos em harmonia com nosso cônjuge ou companheiro: tudo é seguro no mundo, e nos sentimos ligados a nossos sonhos e nossas esperanças para o futuro. Infelizmente, no instante em que assuntos relacionados a dinheiro nos tocam emocionalmente, rapidamente transformamos a segurança em temor e ansiedade. Isso pode nos levar a projetar nossos medos e nossas angústias em nosso companheiro. Com pouco ou nenhum aviso, todos esses sentimentos maravilhosos de harmonia e conexão desaparecem. Além do mais, nossos sentimentos e contentamentos podem com facilidade ser desligados como um interruptor. Então o que acontece? O que causa essas mudanças e dispara subitamente esses gatilhos em nossas emoções? Armadilhas financeiras, isso sim!

Identificando armadilhas financeiras comuns

Muitas vezes acreditamos erroneamente que para corrigir ou alterar o que não está funcionando bem em nossa vida precisamos de mais dinheiro. A tendência de encarar o dinheiro como o problema e/ou solução é apenas uma distração que nos distancia do problema real. É ingênuo acreditar que o dinheiro pode resolver magicamente os problemas da vida. Na verdade, conquistar mais dinheiro sem aprender a compreender e resolver nossas questões internas frequentemente causa problemas ainda maiores. Poucos estão preparados para as consequências emocionais, sociais e práticas da riqueza. Com isso em mente, podemos resolver os problemas de forma mais eficaz explorando primeiro nosso interior, em vez de mergulhar de cabeça na busca do dinheiro, que é cheio de armadilhas.

Quando nos sentimos financeiramente seguros e protegidos com nosso cônjuge, podemos relaxar e ser verdadeiramente abertos e desarmados. Infelizmente, muitos casais não têm esse tipo de intimidade e muitas vezes caem no que chamo de armadilhas do dinheiro. A seguir estão algumas das mais comuns que já observei:

- usar o dinheiro como forma de controle ou manipulação;
- deixar de entender os medos e gatilhos de cada um quando o assunto é dinheiro;
- não compreender desejos e necessidades financeiras um do outro;
- pôr em conflito valores fundamentais sobre o que é importante;
- ter prioridades e acordos financeiros pouco claros;

- assumir papéis inconscientes (como Dependente e Zelador);
- procrastinar a discussão ou ocultar informações financeiras.

Aqui estão algumas maneiras de evitar os problemas abordados neste livro:

- identifique cada um dos outros tipos financeiros no início de seu relacionamento;
- fale abertamente sobre seus problemas, seus medos e suas preocupações com dinheiro;
- faça acordos claros sobre como lidar com o dinheiro como um casal;
- nunca use o dinheiro como um meio de comprar ou prender o amor;
- assuma a responsabilidade por seu próprio bem-estar financeiro;
- lide com as questões financeiras assim que elas surgirem, de modo que elas não se tornem uma fonte de ressentimento.

Recomendo também estas dicas simples e práticas para lidar com o dinheiro, que lhe permitirão trabalhar com seu parceiro como uma equipe a fim de cocriar a vida financeira que você deseja:

- criem um orçamento familiar mensal;
- tomem decisões conjuntas sobre o que fazer com o restante (gastar, guardar ou investir);
- estabeleçam uma quantia mensal para cada um de vocês gastar ou poupar individualmente;
- compartilhem as responsabilidades financeiras e divida as tarefas;
- tenham uma reunião financeira mensal para discutir e esclarecer qualquer negócio pendente ou dinheiro que entrou;
- listem os objetivos e sonhos para trabalhar em conjunto de modo que isso seja algo divertido;
- reconheçam o esforço um do outro de maneira positiva para manter os acordos.

Você pode criar a vida financeira que tanto quer e merece ao compreender e apoiar seu parceiro, a fim de se tornarem cada vez mais conscientes e capacitados financeiramente.

Passando da culpa ao perdão

Erros e retrocessos financeiros acontecem. Eles são uma parte da vida e do nosso crescimento e aprendizagem. Quando uma perda ou dificuldade financeira ocorre, não é incomum querer culpar algo ou alguém a fim de acalmar nossos sentimentos. A raiva e a culpa podem ser uma maneira de se sentir no controle, mas isso só nos faz sentir vítimas e impotentes.

É comum que muitos cônjuges culpem um ao outro, pensando: "E se eu tivesse feito isso?" ou "Não posso acreditar que fiz isso" ou "No que eu estava pensando?". Esse tipo de culpa apenas alimenta o medo, a raiva e o ressentimento, e aprofunda a carga negativa que temos em torno do problema.

Falando francamente, nem todos os nossos problemas financeiros podem ser responsabilidade apenas de nossas circunstâncias financeiras. Alguns de nós lutamos com velhos hábitos e padrões que já existiam muito antes da crise financeira mundial. É verdade, a recessão pode piorar de modo considerável nossa situação, mas as condições de qualquer colapso financeiro são na maioria das vezes apresentadas muito antes de a crise ocorrer. Com seus desafios financeiros, os casais estão tendo uma nova oportunidade de repensar e rever a forma de se relacionar com o dinheiro.

Parte do nosso trabalho é perceber que o tabu sobre o dinheiro precisa ser explorado e curado. Quando isso acontecer, estaremos aptos a fazer escolhas mais claras e mais bem informadas que nos ajudarão a criar um futuro melhor para nós e nossos filhos. Não podemos mais agir impulsivamente ou fugir dos problemas financeiros.

Limpando o passado

O perdão é uma grande ferramenta para se livrar de pensamentos e sentimentos negativos, que podem ser nocivos e contraproducentes. Estamos todos em busca de paz – de espírito, corpo e mente –, certo? Para encontrá-la, temos de assumir nossa própria responsabilidade de vez. Assim que perdoamos a nós mesmos, podemos seguir em frente e desculpar aqueles que nos magoaram ou nos prejudicaram. Aqui estão alguns pontos-chave para trabalhar o perdão:

1. O perdão se direciona em primeiro lugar para você. Trata-se de tomar de volta seu poder de modo que você possa ver e receber o bem ao seu redor.
2. O perdão permite que você mude sua perspectiva sobre o que está acontecendo. Reconheça que seu sofrimento é proveniente dos sentimentos de mágoa e dos pensamentos que afligem você no momento, não o que ofendeu ou machucou você dez minutos – ou dez anos – atrás. Em casos de perda de emprego, da casa ou da poupança destinada à aposentadoria, esta é a verdadeira questão, não quem fez isso com você. Sofrer é um processo importante, mas o perdão é o primeiro passo. A raiva muitas vezes nos nega o acesso à dor da perda. O perdão vai ajudá-lo a superar a raiva e o ressentimento, de modo que você comece a superar a perda.
3. O perdão não significa que você tem de fazer as pazes com a pessoa. Ela nem precisa saber, porque isso não tem nada a ver com ela. O perdão oferece a você a oportunidade de estar em paz com a situação. Isso pode ser tão simples como perdoar a empresa de investimento responsável por seu rendimento, ou a bolsa de valores ou seu corretor de imóveis. Faça uma lista e perdoe-os de modo que sua energia e seu emocional estejam livres.
4. Lembre-se de que o perdão é um processo. Nem sempre é fácil, e a cura leva tempo. Seja gentil com você mesmo e permita-se passar por seu próprio momento. Recomendo que escreva uma carta de perdão a fim de passar seus sentimentos para o papel. Por meio da escrita, você pode expressar seus sentimentos de maneira aberta, tanto para a pessoa que o prejudicou como para si mesmo. Você não tem de entregar a carta para a pessoa que está perdoando, ela faz parte de seu processo de desapego e cria sua "história de perdão".

Em última análise, o perdão é um passo para a expansão espiritual e emocional. Ele permite que você deixe os pensamentos e sentimentos negativos irem embora, de modo que fique livre do passado e pronto para seguir em frente e escrever o próximo capítulo de sua vida.

Superando suas armadilhas financeiras

Ao longo dos anos, tenho recebido muitos pedidos de ajuda de pessoas desesperadas com sua situação financeira, mas um casal em particular realmente me comoveu. Aqui está a história de Elise e Robert.

Elise se considerava uma pessoa muito reservada e sempre teve dificuldade em pedir ajuda. Ela não abria as contas nem fazia pagamentos em dia, porque simplesmente não conseguia encarar o medo, a ansiedade e a vergonha de sua situação financeira. Ela sabia que estava sabotando o bem-estar de sua família, mas se sentia muito constrangida para pedir ajuda. Finalmente, o marido disse: "Não podemos continuar assim. Estamos no nosso limite e precisamos de apoio". Quando me contataram, trabalhei com eles para entender suas armadilhas financeiras e a criar um sistema para que se reorganizassem, pessoal e financeiramente. Elise era um tipo financeiro Inocente e havia ficado tão emocionada e ansiosa com as finanças que criou um bloqueio. Em suma, ela estava sabotando sua vida financeira de modo inconsciente em decorrência de sentimentos não resolvidos. Ela começou a acreditar que não merecia seu marido e sua família, e isso acabou saindo do controle. Seu marido, Robert, só descobriu o problema quando a energia havia sido dissipada. Não foi porque não tinham dinheiro para pagar as contas, e sim por questões emocionais não resolvidas que se manifestaram no comportamento do casal.

A história financeira de Elise

Quando Elise era jovem, sua família vivia relativamente bem e tinha tudo de que precisava e muito mais. Seus pais davam-lhe tudo o que ela queria e a amavam muito. Sentia-se segura, confortável e feliz.

Quando ela tinha 8 anos, num dia em que estava prestes a embarcar em um passeio com sua classe, seus pais lhe deram 100 dólares para que comprasse o almoço e algumas lembranças. Ela estava tão feliz de ter recebido tanto dinheiro e responsabilidade que mostrou o dinheiro aos outros no ônibus. Ao ver aquilo, os professores se tornaram muito agressivos e tomaram seu dinheiro dizendo que era "inadequado" uma garota de 8 anos ter recebido uma quantia tão alta. Eles castigaram e constrangeram Elise na frente da classe. Ao voltar para a escola, os professores chamaram os pais dela e fizeram o mesmo com eles. O assunto nunca foi discutido novamente.

Pouco depois, a família se mudou para outro estado, onde Elise tinha mais contato com os primos que possuíam consideravelmente menos dinheiro do que seus pais. Eles costumavam criticar e provocar Elise por ser uma criança mimada que tinha tudo o que queria. Isso a fez se sentir envergonhada, confusa e culpada por ter mais do que os outros.

Depois de alguns anos, o negócio de seu pai foi à falência, e eles precisaram se mudar de sua bela casa para um apartamento em uma realidade diferente. Seus primos disseram que ela "teve o que merecia". Elise nunca falou com ninguém sobre esses eventos muito conflitantes e perturbadores e as mensagens que ela absorveu quando era jovem. Ela simplesmente internalizou isso e sentiu que era verdade.

Já adulta, Elise se sentia oprimida e envergonhada quando ela e Robert começaram a ganhar mais dinheiro decorrente de seu sucesso empresarial. As feridas antigas e não resolvidas começaram a ressurgir e, com isso, Elise começou a sabotar de maneira inconsciente seu bem-estar financeiro. Ter mais do que os outros simplesmente não era confortável para ela. Conforme eu trabalhava com Elise para entender e resolver esse conflito, Robert foi capaz de compreender e perdoar os comportamentos dela, que, se não fossem gerenciados, teriam destruído sua vida financeira e seu casamento. Robert era amoroso e afetuoso, e juntos cuidaram de seu relacionamento e passaram a estabelecer novos acordos e modos de gerir a vida financeira.

Embora seja difícil, reconhecer que você tem um problema é poderoso. Este é o primeiro passo no processo de cura. O segundo passo é pedir ajuda, o que Elise e Robert fizeram, e eu os admiro e respeito muito por isso. Se você e seu parceiro estão enfrentando desafios financeiros, é importante saber o seguinte:

1. Os conflitos com o dinheiro e as finanças pessoais são provavelmente o resultado de padrões adquiridos na infância, direta ou indiretamente, de seus pais. Esses padrões em geral são passados de uma geração para outra, e é por isso que ainda é tão difícil encarar a pobreza.

2. Provavelmente você não foi ensinado a gerir suas finanças pessoais em casa ou na escola, o que o deixou (como a maioria da população do mundo) despreparado para fazer sábias escolhas. É muito difícil para as pessoas sem essa educação explorar plenamente seu potencial pessoal e financeiro.
3. É possível que você sofra de baixa autoestima financeira, o que pode gerar sentimentos de culpa e vergonha. Esses sentimentos podem fazer com que você se anule inconscientemente. Isso pode acontecer quando sentimos que nos comportamos "mal" e já não acreditamos que merecemos coisas boas.
4. Esses sentimentos e experiências negativas criam padrões em nossa mente, causando-nos um "curto-circuito" que tira a habilidade de gerenciar nossas finanças e a capacidade de tomar boas decisões.
5. Esses padrões e comportamentos podem ser identificados e, por meio da conscientização, de ações e de apoio, modificados, aprendendo hábitos novos e saudáveis ao longo do tempo.

Todos (inclusive você!) merecem ajuda e uma chance de fazer as mudanças necessárias para criar a vida que realmente deseja. Assumir um compromisso com a mudança e pedir ajuda já é um grande passo. Em seguida, é possível que você precise de apoio de outros profissionais que podem orientar e apoiar você em uma nova maneira de ser.

Pedindo ajuda

Uma das coisas mais difíceis para nós, humanos, é pedir ajuda. Parece que acreditamos que isso significa, de alguma forma, um sinal de fraqueza, quando na verdade é realmente o contrário. Representa sempre um sinal de força e coragem, nunca de fraqueza. Todos devemos trabalhar para superar esse falso orgulho que nos impede de pedir ajuda quando precisamos. Assim, não desperdiçamos tempo ou energia, que são os recursos mais valiosos que qualquer um de nós tem.

Exercício

Precisamos de ajuda?

Responda a estas perguntas para descobrir se precisa de ajuda:

1. Existe algum problema financeiro persistente que faz com que você e seu cônjuge entrem em conflito com regularidade?
2. Você ou seu cônjuge sentem-se distantes um do outro por causa desse problema mal resolvido?
3. Será que esse ou qualquer outro assunto financeiro cria segredos e uma barreira entre você e parceiro?
4. É essa a razão ou algo relacionado que o impede de avançar em outras áreas de sua vida?
5. Você se sente financeiramente inseguro em seu relacionamento?

Se respondeu sim a pelo menos três das cinco perguntas acima, talvez você esteja precisando de ajuda e apoio. Veja uma forma de se apropriar do problema e se aproximar do seu parceiro para obter ajuda:

"Tenho pensado muito ultimamente e sinto que estamos presos em um problema (ou uma circunstância) que não consigo resolver por conta própria. Acho que precisamos de ajuda com __________ (preencha o espaço em branco com o problema) e talvez seja uma boa ideia buscá-la." (Nota: Se seu parceiro não estiver disposto a obter ajuda com você, não há nenhuma razão para que você não faça isso por conta própria. Em muitos casos, tenho observado que, quando uma pessoa procura ajuda e começa a realizar mudanças, o parceiro antes relutante, ao ver os resultados positivos, muitas vezes torna-se mais disposto a participar.)

Na riqueza ou na pobreza

Como você está aprendendo, nossos problemas financeiros muitas vezes se acionam ou se ampliam quando surgem pressões financeiras. Se estamos casados ou em um relacionamento sério, nossas questões e nossos padrões financeiros com frequência colidem e criam um conflito que pode facilmente levar à desarmonia com nosso companheiro.

Atendo Joshua e Sue desde 2011. O casamento deles foi seriamente desafiado quando o negócio de Joshua faliu e ele teve dificuldade em encontrar um novo trabalho; Sue se sentiu decepcionada, traída e com raiva. Eles mal conseguiam falar um com o outro.

Conforme trabalhávamos, eles começaram a entender os problemas financeiros básicos de cada um: Sue cresceu em uma família de alcoólatras, por isso sentia-se sozinha e abandonada e com uma profunda necessidade de estabilidade. Joshua cresceu sem o apoio dos pais e se sentia sozinho em grande parte de sua infância. Como as pressões financeiras se acumularam, elas começaram a disparar suas inseguranças um no outro. Como Sue tornou-se cada vez mais crítica, exigente e reteve muito amor e carinho, Joshua se fechou emocionalmente. A autoestima de Joshua foi afetada, e seus esforços para encontrar um emprego falharam. Ele disse várias vezes que se considerava um perdedor. Com um pouco de treinamento, Joshua passou a entender que uma parte dele acreditava que não merecia uma família. De fato, os problemas de segurança e abandono tanto de Sue quanto de Joshua desencadearam um conflito financeiro que, inconscientemente, despertou traumas da infância de ambos.

Esse tipo de caso é cada vez mais comum à medida que casais enfrentam desemprego e dívidas crescentes, o que os coloca frente a frente com problemas financeiros. Em última instância, o casal aprendeu a reconhecer seus gatilhos e passou a ver as circunstâncias pelo que elas de fato eram. Nenhum deles tinha qualquer desejo ou intenção de terminar o relacionamento, então o medo do abandono não foi baseado em nada mais do que o medo do passado. Como começaram a entender os medos do outro, eles foram capazes de responder com mais compaixão e resolver suas diferenças financeiras.

Vivendo de acordo com suas possibilidades

Uma das armadilhas financeiras mais comuns que vejo hoje acontece quando casais que estão vivendo além de suas possibilidades resistem na hora de fazer cortes e mudanças no estilo de vida. Questiono esses clientes e peço que reflitam sobre as seguintes perguntas: "Você possui um estilo de vida, ou seu estilo de vida possui você? E quanto dinheiro é o suficiente?".

Em geral, quando pergunto: "Quanto dinheiro é suficiente?", as pessoas dizem algum número aleatório sem pensar muito. Outras vezes as pessoas só congelam e dizem: "Poxa, não sei. Nunca pensei sobre isso". Poucos clientes têm de fato uma ideia clara de quanto é o suficiente, o que me levou a questionar: Se não sabemos quanto é suficiente, como podemos reconhecer quando ele chega? Se não podemos imaginá-lo, como podemos criá-lo? Agora, pare um instante para imaginar o tipo de mundo que poderia criar se todos nós tivéssemos o suficiente e pudéssemos estar satisfeitos e realizados com isso: não muito, não pouco, apenas o suficiente. Dedique um momento para pensar sobre isso.

Exercício

Determinando o seu "suficiente"

Responda a estas perguntas em seu diário de consultoria financeira:

1. Quanto dinheiro é suficiente para mim?
2. O que é necessário para eu me sentir completamente seguro e pleno?
3. O que significa me sentir seguro e pleno? Descreva isso em detalhes.

Escreva um aspecto detalhado de sua vida que inclua o que é mais significativo e essencial para seu senso de segurança e bem-estar. Faça este exercício a partir da perspectiva de um minimalista, apenas para experimentar a ideia e ver como se sente. Digo isso porque, como muitas pessoas, você pode acreditar erroneamente que "deve" ter mais do que é preciso para se sentir verdadeiramente feliz e satisfeito. Enquanto somos levados pelas nossas necessidades internas ou externas, corremos o risco de nos tornar escravizados por nossos desejos, em vez de satisfeitos com o cumprimento de nossas verdadeiras demandas. Quando aprendemos a nos satisfazer com o "suficiente", qualquer coisa além disso se torna a cereja do bolo. Pode ser delicioso, mas o bolo é delicioso por si só.

Como exemplo, aqui está o que parece suficiente para meus clientes Joshua e Sue: "Nossa vida está cheia de significado e propósito. Temos uma casa que é confortável e boa de viver, com muitas janelas e luz. Não precisamos de um monte de coisas e raramente compramos aquilo de que não precisamos. Gostamos de viajar e preferimos experiências a coisas.

Enquanto pudermos viver alguma aventura em algum lugar novo a cada ano, estaremos satisfeitos. Nós dois somos independentes e sabemos como ganhar dinheiro usando nossos dons e talentos de diversas maneiras. Podemos ou não nos aposentar (porque há muito a fazer!), mas o planejamento para que isso ocorra ainda é importante. Nossa filha é casada, tem filhos e vive perto de nós. Amamos ser avós presentes e mimamos nossos netos sempre que podemos. Nossa casa, nossa família e nossos amigos estão entre os maiores tesouros da nossa vida".

Gratidão: o antídoto para a insatisfação

Gratidão é a melhor maneira de aproveitar tudo o que é bom em sua vida, independentemente da sua situação financeira. A prática da gratidão diária pode ajudar a aliviar a dor das nossas circunstâncias. Às vezes, ficamos tão concentrados em nossas dificuldades que acabamos negligenciando as coisas boas em nossa vida, que estão bem na nossa frente. É exatamente durante os momentos mais difíceis que precisamos nos lembrar ainda mais do que existe de bom em nossa vida no momento atual. Oração, meditação e/ou a prática da gratidão podem ajudar a superar os momentos mais difíceis.

Lembre-se de que as circunstâncias não definem quem você é, mas onde você está. Nunca deixe sua condição definir você ou seu valor e mérito. Com o tempo, sua situação mudará e as coisas pelas quais você é grato permanecerão em sua vida, contanto que você reconheça e valorize tanto as pessoas quanto as coisas pelo que elas realmente são.

Sugiro que a cada dia você faça uma lista de dez coisas pelas quais agradece. Leve essa lista com você e sempre que se sentir ansioso ou estressado consulte-a para se lembrar do bem e da beleza que existem em sua vida.

Dinheiro, significados e valores

Todo mundo se sente vulnerável quando o assunto é dinheiro. É uma questão básica de sobrevivência que, quando ameaçada, pode nos fazer sentir medo, ansiedade, tristeza ou raiva. É também uma área de nossa vida que nos dá a sensação de estar fora de controle ou profundamente vulnerável às ações dos outros.

Conforme nos tornamos mais conscientes de nossos padrões e comportamentos financeiros, podemos começar a fazer escolhas mais saudáveis. Esse é um primeiro passo importante para a criação de um novo legado financeiro para si e para seu relacionamento – um legado baseado na autoconsciência, no conhecimento e no poder. Mas primeiro temos de começar a entender e curar a nossa relação com o dinheiro. O que é dinheiro e o que ele significa em sua vida? Escreva sobre isso em seu diário e compartilhe-o com seu parceiro.

O dinheiro possui força e energia muito poderosas, além de ser um meio de troca. É uma ferramenta e um recurso que recebemos como resultado direto de nossas ações e contribuições para o mundo. Ele entra e sai de nossa vida em proporção direta com nossos esforços e nossas intenções. Sempre que você sente medo ou ansiedade, gasta tempo refletindo a fim de determinar o que precisa mudar dentro de você e que pode atender a essas necessidades de maneira efetiva. Como vocês trabalham juntos para entender e respeitar o dinheiro, ao aprenderem a desfrutar de sua companhia em sua vida verão como ele permite o acesso a novas experiências que você aprecia. Mas, lembre-se, o dinheiro não tem nada a ver com quem você é, nem o seu aumento de saldo bancário reflete em seu valor. Esforce-se para criar uma relação de respeito mútuo com o dinheiro, mas nunca confunda a autoestima com o patrimônio.

Exercício

Determine seu verdadeiro valor

Responda as seguintes perguntas em seu diário de consultoria financeira.

1. Como você valoriza ativa e conscientemente seu parceiro?
2. Que ações específicas você realiza para que seu parceiro perceba que você o valoriza?
3. Em que você baseia seu valor e de seu parceiro? Complete as frases abaixo para ajudar a esclarecer esse assunto.

- Meu valor pessoal é baseado em ________. (Por exemplo: Minha contribuição para a minha família, esposa e mãe, o meu valor como ser humano, o jeito como amo e apoio os outros, as minhas ideias, a minha criatividade, minhas contribuições financeiras para a minha casa e minha comunidade.)

- O valor do meu parceiro é baseado em ________. (Por exemplo: Suas contribuições como parceiro de vida, seu senso de humor, nossos interesses comuns, seu amor e carinho por nossos filhos, sua visão, sua força e honestidade.)

Uma das maiores armadilhas financeiras é tornar-se tão dependente do mundo material a ponto de esquecer nosso próprio valor e riqueza, que já estão dentro de nós. Cada um de nós é, intrinsecamente, valioso e digno, independentemente do que possuímos. Assim como Oprah Winfrey disse, acredito que "a dignidade é nosso direito natural". Existe melhor momento do que agora para reivindicar o que é seu?

Riquezas comuns podem ser roubadas, riquezas reais, não. Em sua alma existem coisas infinitamente preciosas que não podem ser tiradas de você.

— Oscar Wilde, *A alma do homem sob o socialismo*

7 Superando desafios e dificuldades financeiras

Quase todo mundo tem uma história sobre dinheiro. Muitas delas se referem a tempos difíceis, má sorte, perda, tristeza e raiva. Embora eu saiba que são verdadeiras e que há dor real e dificuldades associadas a elas, como consultora financeira também sei dos perigos de ficar preso em sua história. Testemunhei o efeito paralisante que isso pode ter em nossa vida e família. Se seu relacionamento tem sido desafiado pela economia, por uma doença, perda de emprego ou simplesmente má sorte, você precisa saber que sua situação financeira não representa quem você é. Mesmo que você tenha perdido a casa ou que tenha ido à falência, esses fatos são apenas sua *situação financeira*, que com o tempo e o esforço necessários vão passar e melhorar. No entanto, para que isso aconteça, você deve escolher trabalhar com seu parceiro conscientemente, para que possam superar todos os sentimentos de culpa, vergonha, raiva ou ressentimento que se acumularam como resultado de sua experiência.

Muitos casais se apegam a suas experiências e seus ressentimentos durante um bom tempo. Se você se encontra nesta situação, terá de encontrar uma maneira de juntar os cacos e seguir em frente, ou manter sua história como um troféu quebrado do passado, que vai definir e prejudicar sua vida. Eu recomendaria que, dadas as opções, você encontre maneiras saudáveis de recompor as peças em uma nova vida – uma vida financeiramente mais equilibrada e alinhada com seus verdadeiros valores e necessidades. Faça dos desafios financeiros a porta de entrada para uma nova forma de viver que enriquece, e não esgota, a sua vida. À medida que você fizer as mudanças necessárias para construir essa nova vida, vai descobrir que a mudança é um processo que exige coragem, tempo, fé e compromisso. Nem sempre é fácil, mas a viagem sempre vale a pena.

Cuidado com o Vítima

Em tempos financeiros difíceis, o arquétipo Vítima pode surgir com facilidade na vida de qualquer um. Infelizmente, o Vítima muitas vezes carrega uma profecia sombria e destrutiva que pode roubar nossa energia e nosso potencial. Coisas ruins podem e vão acontecer, mas temos de estar atentos e vigilantes ao tipo da Vítima. Durante tempos desafiadores, o que mais precisamos é chamar o arquétipo Guerreiro e nos tornar concentrados, determinados e proativos. A ação é sempre o antídoto para superar o medo e nossos desafios financeiros.

Se você e seu parceiro estão passando por uma situação dessa, digo que, independentemente do que esteja acontecendo, você é livre para escolher uma vida nova hoje. Não, isso não vai acontecer magicamente do dia para a noite, mas juntos vocês podem fazer isso acontecer. O primeiro passo para alcançar esse objetivo é libertar-se do passado. O passado acabou, não é mais real. O hoje é tudo que temos. Ponto. O amanhã representa esperança e uma promessa. Então, se há apenas o agora e não estamos presentes nele, estamos desperdiçando-o. Quando olhamos para trás, para os eventos dolorosos do passado, *escolhemos dor* à *presença*. Se projetarmos muito longe no futuro e nos assustarmos, achando que não vamos aguentar, escolhemos o medo e projetamos uma realidade dolorosa e negativa para o futuro. Esse pode ser um bom momento para lembrar a primeira lei do movimento de Newton: uma coisa em movimento tende a permanecer em movimento. Em outras palavras, aquilo em que você se concentrar criará impulso em sua vida. Em determinado momento, temos de compreender os impactos potenciais que estamos criando quando fazemos essas escolhas.

Dicas para casais em tempos de dificuldades financeiras

Não é raro termos de lidar também com problemas de relacionamento em tempos de desafio financeiro. Se você está tendo conflito em seu relacionamento, aqui estão algumas sugestões para ajudá-lo nesse momento.

Mantenha-se presente e calmo

Uma das melhores maneiras de gerenciar todo desafio é meditar. A meditação não só acalma o sistema nervoso, mas pode mudar a fisiologia do cérebro. Embora muitas pessoas cultivem essa prática, clientes muitas vezes me dizem que têm dificuldade quando estão estressados com as finanças. A seguir indico um processo de meditação guiada para ajudar você e seu parceiro a se manter presentes e calmos.

Exercício

Meditação no chuveiro: Livre-se de seus medos

Ligue o chuveiro e visualize-se em uma cachoeira morna e que cura. Quando você entrar na água (literalmente), imagine-se de pé no lugar mais bonito e sereno na terra, imerso em águas que curam. Basta ficar parado e deixar a água correr sobre você, sentir a água quente acalmando seu corpo e seu espírito. Repita este mantra: "Estou livre de toda a ansiedade e medo. Eu me liberto de toda a negatividade e julgamento com relação a mim mesmo e a todos os outros. Sou livre, inteiro, completo e estou pronto para começar de novo". Repita isso algumas vezes antes de terminar o banho. (Nota: recomendo que faça isso no chuveiro, pois a água quente relaxa o corpo, e a água cura e limpa tanto o corpo quanto o espírito.)

Liberte o passado

Perdoe-se, perdoe seu parceiro e quaisquer outras pessoas que tenham contribuído para suas dificuldades. Limpe seu histórico e liberte o passado. Ele já é história, a menos que o embale e o carregue com você a cada dia, o que pode representar uma pedra amarrada no pé. Em outras palavras, ele pode tornar a vida muito difícil!

Seja criativo

Às vezes, casais alcançam seu ponto de limite e simplesmente não podem ou não têm as ferramentas necessárias para superar a situação. Se seu relacionamento ou sua família está sofrendo por causa de dificuldades financeiras, e um de vocês ou os dois não estão lidando bem com a situação, procure apoio externo. Independentemente de suas circunstâncias, você merece ajuda, e sua família está contando com você para resolver essa situação.

Cultive uma prática espiritual

O papel do Mago é nos ajudar a reconhecer que nunca estamos sozinhos. Ele é a chave para o equilíbrio e a transformação de tudo o que a vida nos traz. As maiores respostas e soluções para nossos desafios estão sempre dentro de nós. Quando dedica tempo para rezar ou meditar, você não só fica calmo e centrado, mas também se permite receber orientação e apoio espiritual. Tire algum tempo todos os dias para comungar com o Espírito da maneira que lhe convier. Não há maior fonte de conforto e apoio do que se dar esse tempo e espaço para se curar e se conectar com sua essência.

Este é o belo poema chamado "Oração", de Charles Elkind:

Ore para o que você não pode ver.
Ore claramente
para o que você pode apenas superficialmente entender.
Ore em silêncio
a partir do núcleo do seu ser.
Ore pela cura.
Ore pela humanidade.

Ore amorosamente
Ore profundamente –
ore tão profundamente que
o orador e a oração
se tornarão um.

Como evitar comportamentos agressivos

Casais podem se tornar consideravelmente mais agressivos sob pressão financeira, por isso é importante estabelecer um acordo de como e quando você fala sobre esses problemas. Recomendo que vocês façam o seguinte:

Apoiem um ao outro

Enfrentar os problemas financeiros será mais fácil se vocês trabalharem em equipe. Durante tempos difíceis, os cônjuges precisam ser solidários e gentis um com o outro. Se um ou ambos estão expressando raiva ou ressentimento, isso os afetará tanto que o relacionamento será prejudicado. Aplique as dicas de comunicação oferecidas no Capítulo 4 para aprender a transmitir seus pensamentos com cuidado e compaixão.

- Não discuta questões financeiras no começo do dia ou antes de ir para a cama. Conversas sobre dinheiro pela manhã podem ser o início de um dia estressante, e à noite o seu quarto pode se tornar uma zona segura. Evite discutir sobre dinheiro ou qualquer outro assunto delicado antes de dormir, pois isso pode perturbar seu sono. É importante estabelecer horário e lugar específicos para falar sobre seus problemas financeiros que concilie as necessidades e os horários de seu parceiro e os seus também. Saber o tempo certo é tudo! Para evitar uma sobrecarga, tratar de um assunto por vez é mais saudável. Aqui estão minhas sugestões:
  1. Faça uma lista de todas as suas obrigações financeiras.
  2. Ordene a lista pelas prioridades para evitar novos conflitos.
  3. Determine onde você pode fazer cortes financeiros.
  4. Direcione sua renda para suas prioridades em primeiro lugar. Se você não tem dinheiro suficiente para cobrir todas as obrigações,

entre em contato com seus credores, explique as circunstâncias e saiba quais são suas opções. Se possível, peça para adiarem o vencimento ou negocie um plano de pagamento.

- Não fuja das circunstâncias. Quando está com medo dos seus problemas com dinheiro, você ativa uma reação que pode fazer com que você fuja de seus problemas. Isso só vai piorar as coisas, então agora é a hora de trazer o seu Guerreiro à tona! Trabalhe como uma equipe para permanecer concentrado – divida e conquiste! Ao fazer isso, você vai se sentir melhor e recompensado com o progresso, as circunstâncias vão melhorar e vocês chegarão a uma resolução.

Estratégias simples para se recuperar de problemas financeiros

Quando você começa a recuperar sua vida e sua situação financeira, pode encontrar desafios ou obstáculos imprevistos para avançar. Esses desafios não são raros e são mais bem geridos com calma e de forma proativa. Não se deixe abater. Traga à tona o arquétipo do Guerreiro e use as sugestões abaixo para progredir aos poucos.

1. Se você está muito endividado e precisa de ajuda, entre em contato com algum consultor de uma organização sem fins lucrativos que possa ajudá-lo a se recuperar.

   É importante trabalhar com pessoas credenciadas nessa área, pois existem muitos golpistas por aí.
2. Lembre-se de que outra fonte de seus problemas financeiros podem ser padrões inconscientes adquiridos em sua infância, que cada um trouxe para o relacionamento. Tenha compaixão de você e de seu parceiro, e procure orientação de um consultor financeiro certificado ou de um terapeuta, se seus comportamentos estiverem criando problemas maiores do que você pode resolver por conta própria.
3. A maior parte dos conflitos financeiros que os casais enfrentam se deve a uma falha em comunicar de modo eficaz suas necessidades, seus medos e seus ressentimentos, que tendem a se acumular ao longo do tempo. Aprenda a falar abertamente, com calma e sem culpa. Se você tem um problema mal resolvido, procure

orientação profissional. Use as técnicas de comunicação descritas no Capítulo 4.

4. Encontre o caminho de volta para suas verdadeiras "necessidades e seus reais valores". Isso vai permitir que você e seu parceiro alinhem seus valores fundamentais. Isso também vai ajudá-los a criar um estilo de vida de simplicidade e sustentabilidade que a maioria dos casais considera altamente gratificante.

Lidando com as dívidas

Parece que hoje em dia quase todo mundo está sobrecarregado com dívidas. De acordo com um relatório de 2010 do Federal Reserve Bank, a família norte-americana de classe média tem cerca de 15.799 dólares em dívida de consumo. Considerando o país inteiro, os Estados Unidos têm uma dívida de consumo que totaliza mais de 2,43 trilhões de dólares, e detêm mais de 600 milhões de dólares em dívidas de cartões de crédito.

Lembre-se, esse processo será mais fácil se você se dedicar a uma questão financeira de cada vez. Caso contrário, você pode se sentir estressado e oprimido emocionalmente. Passe de trinta a sessenta minutos por dia gerindo suas finanças e dívidas com a máxima dedicação, depois coloque tudo isso em prática. O gerenciamento da dívida e dos problemas de crédito vai ajudar você a fazer progressos consistentes, dia após dia. Basta realizar o melhor que puder.

Aqui estão outras diretrizes para o gerenciamento das dívidas em seu relacionamento:

1. Entenda que você não é sua dívida. Ela representa onde você está financeiramente, não quem você é.
2. Comprometa-se a entender seus padrões de gasto, de modo que você possa criar novos hábitos e controlar os impulsos de compra. Mantenha um caderno para registrar tanto as compras diárias quanto seu humor ou suas emoções no momento em que as faz. Observe se você tende a realizá-las impulsivamente ou por razões emocionais.
3. Se você tem qualquer sentimento de culpa ou vergonha associada à dívida, trabalhe para perdoar a si mesmo (ou seu parceiro) e se liberte do passado. O passado é história, e você pode optar pormodificá-lo de hoje em diante.

4. Encontre maneiras de cortar e simplificar sua vida pessoal e financeira. O que você realmente precisa para ser feliz e se sentir seguro? Escreva isso em seu diário financeiro.
5. Faça um plano de gastos, que inclua tanto a poupança quanto o pagamento das dívidas, compreendendo todos os seus recursos. Mesmo pequenos esforços vão fazer a diferença e aumentar a autoestima. Use o Resumo de Fluxo de Caixa Mensal – Plano de Gastos (veja a seguir) como uma ferramenta para visualizar com clareza suas receitas e despesas.

Resumo do fluxo de caixa mensal – Plano de gastos

Resumo da renda mensal (entrada)

Salários, bonificações $ ______

Outros rendimentos $ ______

Receita de juros $ ______

Outros $ ______

Renda mensal total $ ______

Resumo despesas pessoais mensais (saída)

Financiamento da casa, aluguel $ ______

Empréstimos $ ______

Cartões de crédito $ ______

Impostos $ ______

Telefone $ ______

Água e luz $ ______

Alimentos/mantimentos $ ______

Roupas $ ______

Lavanderia/limpeza $ ______

Cuidados pessoais $ ______

Cuidados com as crianças $ ______

Educação $ ______

Assistência médica $ ______

TV a cabo $ ______________________________

Financiamento do carro $______________________

Seguro do carro $ ___________________________

Combustível $______________________________

Manutenção do carro $ _______________________

Diarista $ ________________________________

Entretenimento $ ___________________________

Férias/viagens $ ____________________________

Presentes $ _______________________________

Caridade $ ________________________________

Diversos $_________________________________

Total de despesas pessoais mensais $ ______________

Resumo do fluxo de caixa mensal – Plano de gastos

Resumo das despesas mensais com o empreendimento (saída)

Publicidade $ ______________________________

Contabilidade $_____________________________

Impostos $ ________________________________

Telefone $ ________________________________

Água e luz $_______________________________

Educação $_________________________________

Seguro $ _________________________________

Automóvel $ ______________________________

Viagens $_________________________________

Refeições $________________________________

Honorários profissionais $ ____________________

Suprimentos $ _____________________________

Franquias $ ________________________________

Previdências $ _____________________________

Livros e publicações $ _______________________

Serviços $_____________________________________

Empregados $ ___________________________________

Folha de pagamento $_____________________________

Total de despesas mensais $__________________________

Totais

Fluxo total mensal $ _______________________________

Fluxo mensal total (Total de despesas pessoais mensais + total de despesas mensais com o seu empreendimento) $ ________

Fluxo mensal total líquido $ __________________________

Seu fluxo líquido é sua linha inferior.

6. Se sua dívida está grande a ponto de tirar seu sono ou lhe impedir de viver uma vida normal, procure ajuda de um consultor de crédito de confiança. Lembre-se, você merece apoio, por isso procure assistência.
7. Dívida pode ser uma fonte de grande estresse, portanto incorpore as técnicas de gerenciamento de estresse em sua vida diária e cuide de si mesmo exercitando-se, comendo bem e comprometendo-se com uma prática espiritual cotidiana.
8. Se você está se sentindo profundamente deprimido, paralisado ou incapaz de lidar com sua situação financeira, procure a ajuda de um terapeuta.
9. Se você sabe que não terá recursos para pagar suas dívidas e que isso está prejudicando sua saúde, sua família e sua vida, consulte um advogado e considere a falência como uma opção. A falência representa o perdão financeiro e oferece às pessoas uma segunda chance, o que todo mundo merece. Saiba que sua vida, sua saúde e sua família são muito mais importantes do que quaisquer dívidas que você pode ter.

Enfrente os problemas com crédito

Casais muitas vezes encontram dificuldades para progredir financeiramente por causa de erros que cometeram no passado. Alguns desses equívocos têm afetado negativamente seu crédito ou até sua capacidade de obter moradia e trabalho adequados, o que é de fato muito triste. O acesso à habitação deve ser um direito constitucional, que nunca pode ser negado a ninguém, independentemente do motivo. No entanto, nem todo mundo acredita nisso, e hoje muitos casais e suas famílias estão tendo dificuldades em obter habitação ou até mesmo em conseguir um emprego por causa de seu histórico de crédito. Se seu relacionamento é desafiado por essas circunstâncias, aqui estão alguns passos que você pode seguir:

- Comece com o perdão, que é a ação mais correta a se fazer do ponto de vista espiritual. Juntos, conforme vocês começarem a se curar internamente, também estarão liberando o espaço necessário para a manifestação de algo novo.
- Escreva uma carta (endereçada a um potencial empregador ou locatário) e explique sua situação claramente, de modo que não haja nenhuma surpresa. Diga-lhe tudo o que você fez para reparar o passado e para melhorar sua vida. Faça-o saber quem você é hoje.
- Obtenha duas ou três cartas de referência de pessoas que possam atestar as mudanças que você fez (de preferência não parentes), como seu pastor, um amigo ou um ex-empregador.
- Junte sua carta pessoal, essas cartas de referência e seu currículo. Diga a seu potencial empregador ou locatário que você apreciaria muito uma segunda chance. Deixe-o ciente de que você é uma boa pessoa e que fará tudo que estiver ao seu alcance para ser digno dessa oportunidade.

Em geral, as pessoas ficam mais dispostas a ajudá-lo se você for sincero com elas desde o início, e se fizer um esforço para ajudá-las a ver quem você de fato é. Caso contrário, tudo o que eles têm como referência é sua situação de crédito e/ou seu registro legal, o que não representa quem você é.

Lidando com o desemprego

Estar desempregado pode ser assustador e desafiador, pessoal e financeiramente. Segurar as pontas, entrevista após entrevista, requer muita fé e coragem; o maior perigo que testemunhei em meus clientes é a perda de confiança ou esperança. Aqui estão algumas das ações que tenho recomendado e que meus clientes têm achado úteis:

- Evite a negatividade. Faça uma pausa das notícias negativas da mídia. Mesmo que o mercado de trabalho esteja apertado, muitas empresas ainda estão contratando.
- Reaproxime-se dos membros de sua família, de amigos e de ex-colegas de trabalho, eles podem saber de possíveis oportunidades.
- Reveja suas habilidades, seus talentos e suas capacidades. Talvez você tenha esquecido de algum ou possa aplicá-los de maneira diferente ou em outro campo que você nunca pensou ser possível.
- Preste atenção em como você está gastando seu tempo – é o seu bem mais valioso! Seja proativo na busca de trabalho todos os dias.
- Procure ajuda de um profissional de recursos humanos caso considere necessário – você não tem de enfrentar isso tudo sozinho!
- Crie hábitos consistentes que vão ajudar você a se manter saudável e positivo. Coma bem, se exercite, faça caminhadas, ore, medite, durma o suficiente e evite o uso excessivo de cafeína e álcool.
- Mantenha olhos e ouvidos abertos – oportunidades podem se apresentar em formas e lugares inesperados.
- Faça pelo menos cinco telefonemas por dia para seus conhecidos que estão empregados e descubra se a empresa deles tem alguma vaga aberta que pode ser adequada para você.

Exercício

Visualização

1. Com os olhos fechados, imagine-se em uma entrevista para um trabalho que você gostaria muito.
2. Visualize-se apertando a mão do entrevistador conforme ele ou ela lhe oferece uma vaga.

3. Imagine-se trabalhando em um ambiente de que você iria gostar. Mantenha essa imagem por alguns minutos enquanto repete respirações profundas e relaxantes.
4. Agora vá viver seu dia, e sempre que sentir medo de não encontrar um emprego, repita esta visualização e mantenha-a como seu modelo e sua intenção para encontrar um novo emprego.

Reconstruir sua autoestima

Esteja desempregado ou apenas encarando uma situação financeira difícil, você pode sofrer com uma queda de autoestima. Quando isso acontece, é comum perder a confiança e criar insegurança quanto a seus talentos e dons. Isso pode representar um problema, uma vez que você precisa estar confiante de suas habilidades e pontos fortes, a fim de se apresentar bem em uma entrevista com um potencial empregador.

Exercício

Processo de inventário de vida

Este exercício vai ajudá-lo a recuperar sua autoestima e confiar em suas habilidades, seus talentos e suas capacidades. É o chamado Processo de Inventário de Vida, projetado para que você compreenda seus diferenciais.

Realizar este exercício vai lhe proporcionar clareza sobre tudo o que você tem para oferecer a um potencial empregador, o que, infelizmente, não é compreendido por um simples currículo. O Processo de Inventário de Vida é uma boa maneira de resolver esse problema, para que você esteja preparado quando conseguir uma entrevista. Veja como funciona:

1. Faça uma lista de *destaques e realizações* de sua vida, desde o ensino fundamental até o presente. Inclua áreas em que você brilhou quando era criança, tais como esportes, artes ou trabalhos escolares. Até mesmo pequenos sucessos contam. O objetivo deste exercício é ajudá-lo a se reconectar com os aspectos de sua vida que você pode ter esquecido, auxiliando-o a relembrar suas conquistas.

2. Quando estiver pronta, guarde essa lista como um lembrete de tudo o que você fez de melhor, e para aumentar a sua autoestima. (Nota: este é um exercício de construção de autoestima, portanto não dê a lista para um potencial empregador. Mas você pode levá-la para a entrevista como um lembrete de tudo o que tem a oferecer.)
3. Agora faça uma lista de seus dons pessoais, que deve incluir todas as suas habilidades e seus talentos, adquiridos por meio da educação, da experiência de vida e de trabalho. Esses ativos são seus dons pessoais, uma parte integrante de quem você é. Você já possui esses dons por direito, e o conhecimento deles nunca poderá ser tirado de você. Agora, reveja a lista para ver se há oportunidades de fazer dinheiro que você tenha esquecido. Pense se poderia utilizar alguma de suas experiências e seus dons em outras oportunidades.

Concentre-se nessa afirmação agora mesmo: estou plenamente ciente de minhas habilidades e de meus pontos fortes. Tenho muito a oferecer a um potencial empregador. Meu trabalho e meu empregador perfeitos estão sendo criados para mim agora. Eu os vejo, eu os conheço, e assim será.

Monitore seus pensamentos

Quando somos desafiados, pessoal e financeiramente, pode ser difícil permanecer centrado, calmo e proativo. No entanto, se não conseguirmos nos adaptar, nossa vida pode entrar num ciclo decadente de negatividade e derrota. Uma das coisas que ensino a meus clientes é que ouçam e vigiem seus pensamentos com atenção. Os pensamentos negativos são como ladrões que entram durante a noite e roubam a sua força e o seu potencial. A seguir indico um exercício que pode ajudá-lo a se manter concentrado e positivo. Isso é especialmente crucial quando você está tentando se recuperar de um revés financeiro ou necessita encontrar um novo emprego.

Exercício

Observe sua mente

Encontre um lugar calmo e confortável para se sentar por dez minutos por dia. Gentilmente informe a sua mente que você está presente e alerta.

Sente-se e observe como sua mente deriva de um pensamento para outro. Sempre que você notar um pensamento negativo, repita calmamente estas palavras: "Acesso negado... Cancelar pensamento". Não faça mais nada. Não deixe que esses pensamentos negativos perturbem sua paz. Eles não têm nenhum poder sobre você, a menos que você lhes permita o acesso a sua mente.

Esse processo é uma forma suave de treinar sua mente. Ele pode ajudá-lo a aprender a controlar seus pensamentos em vez de ser controlado por eles. Se você se comprometer a fazer esse processo de forma consistente, vai começar a notar seus pensamentos o tempo todo e, finalmente, aprenderá a "negar acesso" e "cancelar" de modo automático quaisquer pensamentos negativos ou contraproducentes que possam surgir. Este exercício é altamente eficaz para manter a higiene mental. Eu o chamo de fio mental, e é bom fazê-lo todos os dias para prevenir a cárie no pensamento!

Não importa por quais dificuldades financeiras você possa estar passando, é muito importante reafirmar que seus dons são valiosos. Quando valoriza e expressa seus dons livremente e sem apego a um resultado monetário, você se sente melhor consigo mesmo e mais energizado e animado. Então, com essa energia renovada, você pode avançar para se concentrar em sua carreira, revitalizando e melhorando sua situação financeira. Talvez, ao longo do caminho, alguém possa contratá-lo para fazer o que ama. Se não, ainda assim é uma bênção ter um trabalho que sustente você e sua família enquanto continua a expressar seus dons, quando e como puder.

Trinta dias de jejum do medo: uma nova dieta para a humanidade

O programa a seguir é um jejum do medo que desenvolvi para ajudar meus clientes na desintoxicação dos venenos internos que se acumulam em decorrência de uma dieta constante de medo, ansiedade e estresse. Essa dieta pode ajudar você e seu parceiro a afastar espiritualmente qualquer negatividade criada pelas circunstâncias. O medo gera mais medo e não produz nada de positivo ou de afirmação na vida. O medo é o inimigo, mas podemos derrotá-lo por meio de nosso compromisso com a ação diária.

Estamos vivendo um dos momentos mais interessantes e turbulentos na história do mundo. Sim, eu sei que você se sente desconfortável, mas temos grande poder e potencial dentro de nós, e podemos e devemos ser criativos e flexíveis.

Convido você a praticar os Trinta Dias de Jejum do Medo. Esse exercício ajudará você a se tornar positivo e com os pés no chão. Ele não fará mal nenhum e ainda poderá mostrar uma nova forma de viver a vida.

Siga todos estes passos por trinta dias – vai levar menos de dez minutos por dia!

Medite ao se levantar. Use a meditação ou simplesmente sente-se calma e silenciosamente na cama ao se levantar e foque no que te motiva a cada manhã.

Mentalize a seguinte frase. Repita esta afirmação antes de sair de casa todos os dias: "Eu me livro do medo e escolho a fé para me guiar em todas as minhas ações e escolhas de hoje".

Analise a realidade. Sempre que sentimentos de medo ou negatividade surgirem, observe se há algum perigo real ou presente que possa afetar o seu bem-estar. Se não houver, saiba que qualquer medo que você possa estar sentindo é simplesmente uma projeção (como um filme), porque não existe perigo real. Lembre-se de que MEDO significa "Mentiroso Espelho Do Original". Escreva isso em um papel e coloque-o em seu computador, no espelho do banheiro ou em algum lugar bem visível para que se torne um lembrete constante.

Pratique a gratidão diariamente. Todo dia, concentre-se em uma coisa pela qual você precisa agradecer e mantenha sua atenção na gratidão ao longo do dia. Hoje eu sou grato por ____________.

Mantenha um diário de caça ao medo. Ao fim de cada dia, escreva qualquer pensamento de raiva, medo ou negatividade que tenha surgido. Mantenha esses pensamentos fora de sua mente e de seu espaço energético. Pensamentos se transformam em matéria! Não abrigue os negativos dentro de você – remova-os de maneira saudável.

Pratique generosidade. Desafie-se a fazer uma coisa generosa para alguém todos os dias. Abra uma porta, carregue as compras, ofereça ajuda para tomar conta de um amigo, fale a sua mãe quanto ela fez por você, diga a seu filho quanto você aprecia quem ele é e o que ele traz para sua vida, leve seu cão para uma caminhada. Generosidade se materializa de muitas formas e sempre representa uma afirmação da vida.

Além das ideias de transgressão e de fazer o correto, existe um campo. Eu te encontro lá.

— Rumi, *O Grande Livro Vermelho*

8 Negociando conflitos e diferenças financeiras

Ao longo deste livro, disponibilizei exercícios e ferramentas para ajudar você a entender seus padrões financeiros individuais e do seu relacionamento, ferramentas para construir habilidades saudáveis de comunicação e para navegar melhor nos domínios financeiros em sua vida. Espero que vocês tenham feito os exercícios em conjunto e que estejam mais íntimos e financeiramente conscientes a cada dia. Agora é hora de aprofundar suas habilidades, aprendendo a negociar os conflitos ou diferenças financeiras que já existem ou que possam surgir.

É comum que os casais tenham valores, crenças e comportamentos diferentes com relação ao dinheiro, e muitas vezes essas diferenças são a causa de muitos dos nossos problemas de relacionamento. Alguns casais me procuram porque precisam de uma pessoa objetiva para ajudá-los a resolver seus conflitos financeiros, em especial aqueles que envolvem crianças, dívidas, heranças ou grandes compromissos financeiros. Recentemente trabalhei com um casal, Jessica e Max, que estava feliz no casamento até que ele herdou uma grande soma de dinheiro de seu pai, que faleceu de repente. O testamento estipulava que os fundos só poderiam passar para *seus netos* no caso da morte de Max, e não fez nenhuma menção a Jessica.

Embora esse tipo de controle póstumo não seja incomum, ele pode criar conflito em muitos relacionamentos. Neste caso, foi particularmente delicado para Jessica, porque ela sabia que o sogro sempre a desaprovou e a fazia se sentir como se não fosse boa o suficiente para Max. Embora educado, ele sempre foi frio e indiferente a ela. De repente, Max obteve uma grande riqueza, assim como acontecerá com seus filhos um dia, e Jessica se sentiu completamente excluída. Como Max começou a adiar algumas decisões financeiras importantes, que incluía a compra de uma nova casa, Jessica passou a se sentir como uma estranha e a dizer: "É o seu dinheiro. Faça o que quiser com ele". Ao trabalhar com eles, Jessica foi capaz de ver como seus medos e suas inseguranças de infância foram acionados e ressurgiram. Criada por uma mãe solteira que muitas vezes a deixava sozinha enquanto trabalhava ou se divertia, Jessica ficava muitas vezes sem comida e sentia-se assustada e abandonada pela mãe. De repente, ela voltou a ser a garota assustada.

Por meio de nosso trabalho juntos, Max soube que precisava se posicionar e assegurar a Jessica que ele cuidaria dela e nunca a abandonaria como sua mãe tinha feito. Ele contratou um seguro de vida para que Jessica estivesse coberta caso ele morresse. Eles aprenderam a trabalhar em equipe de maneira diferente, que permitiu que sua nova riqueza melhorasse suas vidas, em vez de criar separação e distância. Max aprendeu que, se ele queria que Jessica se tornasse parte de suas questões financeiras, ele precisava não apenas incluí-la no processo de tomada de decisão como também considerá-la sua parceira nesses assuntos. Hoje, o casamento está mais forte do que nunca.

Muitos dos conflitos e problemas que os casais enfrentam não são racionais, chegam até a parecer completamente ilógicos à primeira vista. Isto decorre em especial desses padrões emocionais embutidos e armazenados em nosso cérebro que, quando acionados, nos tornam agressivos. No entanto, desde que uma pessoa se comprometa a manter a calma e a presença em meio a esses comportamentos, seus conflitos serão menos propensos a sair de controle.

Esclarecendo e alinhando seus valores

Muitos dos conflitos financeiros que os casais vivenciam acontecem por causa de um choque de valores, cujo esclarecimento é a chave para negociar as diferenças. Alinhar os valores pode facilitar muito a capacidade de honrar e gerenciar suas divergências como casal. Frequentemente, os cônjuges vêm de origens socioeconômicas diferentes, o que pode influenciar bastante os padrões e comportamentos financeiros. Esse foi o caso de um casal com o qual trabalhei, Sara e Elijah. Sara era a filha única de família rica. Elijah foi criado em uma família de classe média, e seus pais eram operários. Sua família trabalhou duro, economizou tudo o que pôde e levava uma vida simples. A família de Sara, por outro lado, vinha de uma longa linha de riqueza herdada, e ela raramente ouviu a palavra não. Tanto Sara quanto Elijah eram profissionais bem-sucedidos, mas seus valores, em especial a respeito do dinheiro, eram bastante diferentes.

Eles tinham um acordo pré-nupcial (muito comum para quem possui um grande patrimônio herdado), portanto eles mantinham e geriam seu dinheiro separadamente, com exceção das despesas em comum, como a casa. Elijah estava mais do que contente com uma vida bastante simples e sempre foi bastante humilde. Sara apreciava as coisas boas da vida e gastava bastante com a casa, roupas, obras de arte, joias, jantares fora e férias caras. Essas diferenças foram um desafio para Elijah, não só porque ele não podia se dar ao luxo de acompanhar sua esposa e seus gostos caros, mas também porque não queria, além de considerar que Sara gastava dinheiro à toa. Sua desaprovação aumentou ao longo do tempo, e ela começou a sentir-se julgada e criticada. No momento em que me procuraram, suas diferenças haviam formado uma barreira entre eles que os levou a uma crise.

Já em nossa primeira sessão, era evidente que Elijah e Sara estavam passando por um choque de valores em seu relacionamento. O que não foi tão evidente no início era a razão pela qual essas diferenças tinham crescido e se transformado em um conflito de grandes proporções. A primeira coisa que fiz com eles foi tratar seus valores. Enquanto explorávamos isso, eles descobriam divergências consideráveis.

O maior conflito era sobre dinheiro: Sara sempre teve muito contato e afinidade com arte, design, criatividade e beleza. Ela é um tipo Criador/Artista de nascença. Elijah, por outro lado, é um amante da natureza e um ambientalista cujos valores confrontavam com o estilo de vida luxuoso da esposa. Além disso, Elijah é financeiramente mais racional e conservador, enquanto Sara nunca precisou sequer pensar em economizar ou ser modesta. Ela tem um fundo de investimentos, além de sua renda, e pode gastar facilmente, como o faz. Nem Elijah nem Sara estão errados com o que valorizam, eles são apenas diferentes. Caso não gerenciadas, no entanto, as diferenças, certamente, colocariam fim a sua intimidade e ao respeito, e finalmente destruiriam seu relacionamento.

Trabalhei com Sara e Elijah por cerca de dois meses, ajudando-os a identificar e compreender seus padrões básicos e comportamentos financeiros e a influência de seus principais tipos financeiros no relacionamento. Uma das coisas mais incríveis que descobriram nesse processo foi que Elijah tinha uma crença inconsciente (herdada de sua família) de que as pessoas ricas eram gananciosas e ruins, o que, é evidente, não é apenas falso como completamente irracional (embora, infelizmente, muitas pessoas tenham essa crença). De modo inconsciente, essa crença criou uma ferida que não se curaria tão cedo. Os gastos e as escolhas financeiras de Sara eram como o sal na ferida, o que o tornava agitado e crítico e fazia com que Sara gastasse ainda mais (um padrão herdado que ela aprendeu com sua mãe – se dói, vá às compras). Sara e Elijah passaram a entender o que estava causando essa desconexão e reconquistaram o amor e a compaixão. Juntos criamos novos acordos que incorporaram as necessidades e os valores comuns.

Exercício

Valores

Complete o exercício a seguir em seu diário de consultoria financeira. Assim que terminar, compartilhe as respostas e discuta o exercício com seu parceiro.

1. Para determinar as diferenças, faça uma lista de seus valores pessoais. Eles representam o que é importante para você e fundamentam suas crenças e opiniões.
2. Depois de concluir essa etapa, circule os valores que vocês compartilham e crie uma lista com esses valores. Reconheça e valorize o que é tão importante para você.
3. Discuta maneiras de lidar com as diferenças, privilegiando e fortalecendo seus valores compartilhados.

Por exemplo, uma vez que o meio ambiente era tão importante para Elijah, Sara concordou em reciclar mais e tentar, quando possível, comprar itens sustentáveis. Além disso, eles concordaram em tirar férias mais ecológicas juntos. Sara até trocou seu carro de luxo por um menos poluente, gesto que deixou Elijah emocionado e tocado. Recentemente decidiram aumentar a família e concordaram em trabalhar como equipe, comprometendo-se a cumprir os acordos quando se trata de criar os filhos para serem financeiramente conscientes.

Cura por meio de depoimentos escritos

Os depoimentos escritos vêm sendo usados ao longo do tempo como forma de representar nossa verdade. Considero-os muito úteis para os cônjuges explorarem as perspectivas um do outro de maneira saudável.

Aqui estão os depoimentos escritos por Sara e Elijah; o processo foi fundamental para a cura de ambos.

Depoimento de Sara

Desde o momento em que conheci Elijah, senti que tinha encontrado meu porto seguro. Ele era tão honesto, aberto, transparente. Eu não sentia que tinha de me proteger ou esconder qualquer aspecto de quem eu era. Dada a dinâmica e riqueza da minha família, fui ensinada a ser cautelosa e desconfiada com os homens, e cheguei a ser usada por alguns. Elijah nunca pareceu interessado no dinheiro, na verdade, ele era tão pé no chão que parecia que o dinheiro não importava para ele. Sei que ele estranhou um pouco a riqueza da minha família, mas nunca os deixei intimidá-lo ou fazê-lo sentir-se menos do que realmente é, coisa que eles certamente sabem como fazer! Ele sempre soube quem é, e sempre se sentiu confortável sendo verdadeiro. Tudo o que eu sabia sobre mim é que era uma pessoa privilegiada por uma riqueza que não era minha, o que representa uma boa bagagem emocional. Dei o meu melhor para ser digna da riqueza que me foi oferecida, mas às vezes ainda me sinto culpada e afastada dos outros. Elijah mudou isso. O dinheiro nunca foi o centro do nosso relacionamento. Nosso amor foi baseado em conexão, atração e interesses comuns, e eu sempre me senti à vontade e em paz com ele. No entanto, isso tudo terminou, e meu dinheiro e minha riqueza se tornaram um grande problema. Agora sinto desdém em seu olhar. Vejo seu desprezo cada vez que levo alguma coisa para casa, como uma pintura pela qual me apaixonei, e suas perguntas me atacam como um julgamento. "Será que você realmente precisa de mais um quadro? Você sabe quantas pessoas você poderia ter alimentado com esse dinheiro?" Ultimamente, percebo que as compras se tornaram um refúgio para mim como acontecia com minha mãe, que gastava dinheiro para escapar dos casos extraconjugais do meu pai. Sei que sou mimada, mas não sou uma pessoa ruim. Eu amo Elijah e sinto falta dele e do que fomos um dia.

Depoimento de Elijah

Sara iluminava o ambiente quando entrava nele. Ela tem tanta graça e classe que você não pode deixar de olhar para ela. No fundo ela é doce, sensível e vulnerável, e tudo que eu queria era amá-la e protegê-la do mundo. Ela é a pessoa mais criativa que conheço, e seu gosto e seu amor pela beleza são verdadeiramente mágicos. No começo, foi difícil lidar com a riqueza de sua família, uma vez que meus pais muitas vezes não conseguiam pagar todas as contas. Cheguei à conclusão de que nunca poderia estar com Sara, a menos que eu pudesse esquecer sua riqueza e amá-la o suficiente para não deixar o dinheiro se tornar um problema. Mas, depois que nos casamos, Sara parecia estar obcecada com a criação de um lar perfeito, da vida perfeita, e tudo o que possuíamos tinha de ser o melhor e mais caro. No início, isso foi divertido, mas depois de alguns anos começou a me afetar. Todas essas compras, festas extravagantes, amigos refinados... tudo parecia um desperdício e nada autêntico para mim. Vejo o mundo ao meu redor sofrendo, pessoas em situação de pobreza, o meio ambiente sendo destruído, e sinto como se toda a cobiça e todo consumo fossem a causa disso tudo.

Eu me sinto muito mal com isso. Eu amo muito a minha mulher, mas não gosto desse estilo de vida e me sinto como um estranho em minha própria casa. Desejo um relacionamento simples, mais conectado com minha esposa.

Escrevendo seu depoimento financeiro

Seu depoimento financeiro é diferente de sua história financeira, que vimos no Capítulo 2. Sua história financeira representa a cronologia do dinheiro em sua vida, desde a infância até o presente. Seu depoimento é contado na primeira pessoa e descreve seus sentimentos e suas experiências sobre o dinheiro e seu relacionamento desde o início até os dias atuais. Escreva seu depoimento como se estivesse contando esta história para um terceiro que gostaria de entender seu dilema ou ponto de vista. Se você se sentir confortável e seguro, leia seu texto em voz alta e discuta-o abertamente com seu parceiro. Agradeçam um ao outro por compartilhar e, se estiverem dispostos, façam o exercício Ho'oponopono ensinado no Capítulo 4.

Regras básicas para resolver as diferenças financeiras

Conflitos financeiros são inevitáveis em qualquer relacionamento. O modo como você escolhe lidar com eles quando surgem pode fazer toda a diferença. Quando os conflitos aparecerem, você pode resolvê-los rapidamente seguindo estes passos:

- Conecte-se com seu coração.
- Expresse aberta e calmamente suas necessidades, seus desejos e suas preocupações, sem críticas ou culpa.
- Defina claramente sua necessidade ou pedido.
- Não grite nem xingue. Se isso acontecer, faça uma pausa.
- Não interrompa o outro. Revezem-se falando de cinco minutos a uma hora sem interrupção.
- Ouça e responda.
- Se precisa de tempo para pensar ou processar seus sentimentos, sugira que voltem a se falar depois de uma hora. Não espere muito tempo, ou seu parceiro vai se sentir ignorado ou desconsiderado.

- Finalmente, discuta e faça um novo acordo sobre a forma como você pode resolver o conflito ou a diferença.

Gaste um pouco, guarde um pouco, dê um pouco

Anos atrás, tive uma cliente em seus 70 e poucos anos que ficou viúva e havia crescido durante a Grande Depressão. Ela viveu de forma simples e modesta, mas era uma das pessoas mais felizes que já conheci. Ela nunca usou cartões de crédito, a casa dela estava quitada, ela tinha muitas economias e, em sua aposentadoria, seu grande luxo era sair para jantar uma vez por semana. Ela adorava boa comida, assim jantávamos juntas ocasionalmente. Uma vez, durante uma conversa, perguntei se ela partilharia seu segredo para ser tão financeiramente sábia e contente, e eis o que ela disse:

> Meu marido e eu estávamos tão felizes que não importava o que tínhamos ou fazíamos contanto que tivéssemos um ao outro. Possuíamos uma empresa de contabilidade, e nossa filosofia era simples, mas funcionava bem para nós. Nosso pensamento era: *A cada pagamento que você receber, você deve gastar um pouco, guardar um pouco e dar um pouco*. Vivemos muito felizes por mais de cinquenta anos!

O que ela e seu marido haviam dominado é algo que vejo poucas pessoas serem capazes de fazer: eles viviam dentro de suas possibilidades.

Como a maioria de nós não está devidamente informada sobre como fazer escolhas financeiras sábias, pode ser um desafio tomar a decisão certa para nós e nossos relacionamentos. Tendemos a ser levados mais por nossos desejos e impulsos do que pela sabedoria e lógica. Para ajudar os casais a fazer escolhas financeiras sábias, criei uma pequena fórmula. Tente seguir estes passos na próxima vez que vocês estiverem diante de uma decisão financeira:

1. Perguntem a si mesmos: Nós realmente precisamos disso ou simplesmente queremos?
2. Se você realmente precisar disso, comece a avaliar suas opções.

3. Se você simplesmente quiser, reflita se a compra vai gerar estresse desnecessário, consequências em sua vida ou tensão em seu relacionamento. Se não, e você pode pagar, vá para a próxima etapa.
4. Determine quanto você pode pagar e atenha-se a esse orçamento.
5. Pesquise sobre o produto ou serviço antes de fazer a compra.
6. Compare as opções e os preços.
7. Se você está dividido entre duas alternativas, faça uma lista dos prós e contras de cada uma (a lista pró mais longa ganha).
8. Se as escolhas são próximas, escolham o que ambos mais gostam.
9. Se você se sentir inseguro ou confuso, peça orientação e apoio.
10. Não deixe ninguém pressioná-lo a tomar uma decisão antes que você esteja pronto e se sinta confiante. Se a decisão estiver causando um conflito sério, não siga adiante até que ambos concordem. Quando você não concorda e não trabalha em conjunto para tomar decisões financeiras importantes, está favorecendo a situação, e não o relacionamento. Nada do que você possui vai ser capaz de suprir o que o relacionamento pode fazer por você.
11. Toda vez que você sair sozinho para comprar alguma coisa, pare, analise seus sentimentos verdadeiros e faça estas perguntas importantes:
    - Por que eu quero isso? Qual necessidade essa compra irá satisfazer?
    - Há algo mais que eu possa fazer ou pedir (sem gastar dinheiro) para cuidar das minhas necessidades?
    - O que vai me dar mais paz? Gastar esse dinheiro, guardá-lo, ou doá-lo?

Se vocês praticarem esse processo com regularidade, sua tomada de decisão vai se tornar consideravelmente mais fácil, o que permitirá que vocês façam escolhas financeiras mais claras, mais informadas. Quando vocês começam a tomar melhores decisões sobre o dinheiro, não só aumentam sua autoestima como aprendem a confiar mais um no outro, que é a base de toda intimidade. Quando isso ocorre, sua capacidade de receber e prosperar vai crescer também. Trabalhar juntos para resolver as diferenças financeiras em seu relacionamento é definitivamente um sinal de força e empenho. Em muitos casos, descobri que as questões de dinheiro nos relacionamentos são um sintoma de outro problema que não está sendo gerenciado ou talvez plenamente reconhecido. Por exemplo, se sua esposa está se sentindo alarmada e desgastada pela vida e pelas circunstâncias financeiras e não sente que está fazendo o suficiente ou agindo de modo correto para melhorar essa situação, então o problema por trás disso pode ser seus sentimentos de decepção, medo ou desconfiança.

Aceitando e valorizando suas diferenças

Raramente os parceiros reconhecem que suas diferenças são, ou ao menos podem ser, uma vantagem maravilhosa. Sem perceber, ficamos presos e inflexíveis em nossas opiniões e não conseguimos ver como as nossas diferenças, na verdade, ajudam a nos equilibrar, expandir nosso pensamento e, portanto, nossa perspectiva de nós mesmos e do mundo que nos rodeia. Se você sempre concorda com seu parceiro em tudo, um de vocês é desnecessário à mistura. Quando se trata de relacionamentos amorosos, às vezes precisamos de um polo oposto digno que nos ajude a ver outro ponto de vista que talvez ignoramos ou temos medo de ver. Quando você valoriza e aceita as diferenças, o que elas trazem para a sua vida e como elas fazem você crescer e expandir seu pensamento limitado ou modo de ser, elas se tornam uma dádiva.

Exercício

Valorizando suas diferenças

Pratique este exercício para começar a identificar as vantagens de suas diferenças.

1. Cada um deve fazer uma lista de todas as diferenças entre um e outro (em geral, bem como na relação com o dinheiro).
2. Circule as palavras ou as diferenças de seu parceiro que mais desafiam você.
3. De que forma esses aspectos de seu parceiro fazem você crescer ou mudar comportamentos?
4. Revezem reconhecendo e valorizando suas diferenças e como elas os ajudaram a crescer ou se desenvolver como pessoa e como casal.

As crianças não vão se lembrar de você pelas coisas materiais que você forneceu, mas pelo sentimento e carinho que você deu a elas.

— Richard L. Evans

9 Crianças e dinheiro

Você provavelmente já observou como seus padrões e comportamentos financeiros influenciam a maneira como você educa seus filhos com relação ao dinheiro. A maioria dos pais, inconscientemente, repassa seus padrões e suas crenças aos filhos, razão pela qual esses comportamentos tendem a reaparecer em várias gerações, e ficam profundamente enraizadas. Isso acontece até que um de nós comece a fazer o próprio trabalho de reconhecer os padrões e decidir romper o ciclo, comprometendo-se a deixar um legado financeiro mais confortável para os filhos. Então como é que nós, mesmo sendo pais amorosos, fazemos isso? Consciente e cautelosamente, seguindo um passo de cada vez.

Um dos maiores desafios que tenho observado nos relacionamentos é quando os pais levam os próprios problemas financeiros inconscientes para a paternidade. Testemunhei a tentativa (sem sucesso) de muitos pais resolver as próprias feridas financeiras da infância por meio dos filhos, o que pode causar conflitos quando o assunto é a criação das crianças. Aqui estão alguns dos conflitos mais comuns que tenho visto e trabalhado:

- dar presentes em excesso para as crianças, especialmente em aniversários e feriados;
- compensar sentimentos de culpa ou inadequações por meio de dinheiro ou presentes;
- usar o dinheiro como forma de controlar ou manipular as crianças;
- envolver as crianças em disputas financeiras com ex-cônjuges;
- dar dinheiro como forma de acalmar uma criança;
- oferecer dinheiro em vez de amor, tempo ou atenção;
- permitir que as crianças tirem proveito das diferenças financeiras do casal (por exemplo, você é generoso, o seu cônjuge é conservador, e quando ele diz não, a criança vai até você para receber uma resposta diferente, o que é não pode acontecer);
- discutir sobre dinheiro na presença das crianças.

Qualquer uma das questões acima pode se tornar uma fonte de conflito em um relacionamento ou casamento. Mas a verdadeira questão é que esses comportamentos são potencialmente prejudiciais para seus filhos, bem como para o relacionamento. O mais preocupante são as discussões financeiras na frente dos filhos. Não sei dizer com quantos adultos trabalhei que desenvolveram temores e aversão ao dinheiro por testemunhar brigas de seus pais a respeito das finanças. Conflitos são assustadores para crianças e podem causar-lhes padrões de medo e agressividade. Isso também pode acontecer quando os pais passam por um divórcio e colocam o filho no meio de disputas financeiras.

Muitos de meus clientes enfrentam enormes problemas por terem pedido a seus pais pensão alimentícia e de suportar a ira que podem ter provocado. No novo campo da terapia financeira, referimo-nos a isso como o incesto financeiro, pois é inadequado forçar uma criança a participar dos problemas financeiros dos adultos.

Amor compensatório

Outra questão importante é o que eu chamo de *amor compensatório*, um padrão normalmente herdado da infância. Esse comportamento se refere a quando um ou ambos os pais dão dinheiro ou presentes para compensar algo pelo qual se sentem culpados (como trabalhar muito) ou substituir algo que eles não se sentem confortáveis para oferecer, como proximidade ou afeto. Infelizmente, isso é confuso para uma criança e pode fazê-la crescer acreditando que o dinheiro e as coisas representam o amor, o que certamente é falso. Se você tem filhos, deve isso para eles e para si mesmo, a fim de curar suas feridas financeiras de infância de modo que isso não reflita em seus filhos.

Andar no mesmo passo

Os pais (e padrastos) precisam andar no mesmo passo e dar um exemplo bom, claro e consistente sobre o dinheiro no início da vida de seus filhos. Aqui estão quatro passos que vão ajudá-lo a tornar isso realidade:

1. Identificar e compreender os próprios comportamentos financeiros (fazer os exercícios dos outros capítulos deste livro é um bom começo!), de modo que você não passe os padrões negativos inconscientemente para seus filhos.
2. Sentar com o parceiro e discutir calmamente como criar os filhos, para que eles sejam financeiramente conscientes e orientados.
3. Esclarecer e negociar quaisquer diferenças que possam surgir.
4. Criar novos acordos e, em seguida, adaptá-los a sua vida em família.

Também recomendo que vocês entrem num acordo com as seguintes táticas:

- Dar mais amor e tempo do que dinheiro ou presentes. Você nunca pode amar uma criança demais, mas pode fazer doações excessivas a ponto de ela pensar que essas coisas são o amor.

- Considerar que, se um de vocês diz "não" a alguma coisa, é um não definitivo. É comum que as crianças tentem driblar as regras dos pais, e essa não é uma maneira saudável educá-los. Se seu filho tem essa atitude, afirme clara e firmemente que esse comportamento não será tolerado. Combine com seu parceiro em nunca vetar as decisões um do outro. Se vocês realmente discordarem, discutam isso em particular e não na frente das crianças. Nunca use dinheiro ou presentes como meio de manipular ou acalmar seu filho. Esse tiro acabará saindo pela culatra, pois as crianças são inteligentes e podem rapidamente descobrir como manipular você também.

Com ou sem mesada?

Embora nem todos os especialistas concordem sobre esse assunto, acredito que se você optar por dar uma mesada aos seus filhos, eles devem recebê-la ao fazer algo, claro que condizente a sua idade. Isso estabelece uma boa ética de conduta e de responsabilidade compartilhada na vida doméstica. É importante ensinar desde cedo seus filhos que eles têm o poder de ajudar. A partir dos 6 ou 7 anos, a maioria das crianças é capaz de lidar com tarefas e responsabilidades simples dentro de casa. Isso as ajuda não só a aprender habilidades importantes e necessárias, mas também aumenta a autoestima e as faz se sentir capazes. Quando fazemos de tudo por nossos filhos e não permitimos que eles participem de nossa vida ou de parte das responsabilidades da vida familiar, estamos enganando-os.

Um dos maiores presentes que você pode dar a seu filho é o senso da própria capacidade. Mesmo sendo um pai amoroso e que atende às necessidades do seu filho, muito cuidado pode fazer com que a criança se sinta incapaz de fazer as coisas por conta própria, passando a considerar o mundo muito grande ou assustador. Claro, você sempre vai precisar adequar as responsabilidades à idade da criança. Dê-lhes tarefas seguras e que possam ser realizadas com sucesso. Nossos filhos gostam de receber responsabilidades (mesmo quando eles se recusam!). Isso lhes dá uma sensação de realização e faz com que se sintam bem consigo mesmos.

Como criar filhos financeiramente capazes

Uma das coisas mais importantes para promover um relacionamento saudável com nossos filhos é falar com eles sobre o dinheiro de uma maneira positiva e consistente. Quando você conversa abertamente sobre dinheiro com sua família com regularidade, torna o assunto comum e ele deixa de ser um tabu.

Também é importante ser honesto e direto com os filhos. As crianças são muito sensíveis e sentem o que está acontecendo, mesmo se você não diz. Quando você está enfrentando problemas financeiros, o melhor é iniciar uma conversa franca, mas cuidadosa, com seus filhos. Por exemplo, se você tem crianças com menos de 8 anos, após o fim do jantar diga que você quer falar com eles sobre dinheiro. Diga-lhes que, por causa da economia (ou perda de emprego, ou o que for), talvez você não tenha tanto dinheiro por um tempo e vai precisar que todos se esforcem como uma família para fazer algumas mudanças. Então diga-lhes que sacrifícios precisarão ser feitos (TV a cabo, videogames, aulas particulares, e assim por diante). Se eles reagirem mal, lembre-os de que isso não é para sempre, mas é necessário agora. Em seguida, deixe claro que eles estão seguros, que você sempre vai cuidar deles e que eles não precisam se preocupar porque, como seus pais, vocês resolverão essa situação. Enquanto estiverem todos juntos, vocês terão tudo de que precisam. Você também pode explicar que muitas famílias têm os mesmos problemas, para que eles saibam que a deles não está sozinha nessa. Mantenha um tom leve e afirme que vocês ainda podem se divertir muito saindo mais com a família, brincando e fazendo coisas que não custam dinheiro, como acampar e caminhar, o que pode aproximá-los ainda mais.

Valorizando suas diferenças

Disputas sobre educação dos filhos e dinheiro são comuns nos relacionamentos. Estilos de educar variam, e às vezes uma pessoa não considera um problema mimar uma criança, dando-lhe tudo o que quer, enquanto o outro acredita que o dinheiro seria mais bem aproveitado em uma poupança para a faculdade. O melhor a fazer é chegar a um acordo sobre essas questões antes de ter filhos, mas se você já tem, pode encontrar uma maneira de conciliar os dois lados. Crie uma "poupança da diversão" e outra "da faculdade", direcionando recursos suficientes e dentro do seu orçamento. Isso respeita as diferenças, e é o melhor para as crianças em longo prazo.

Filhos em idade universitária

Como podemos apoiar os jovens diante de uma economia em constante mudança? Como pais e responsáveis, podemos oferecer orientação, oportunidades e incentivo para os universitários e jovens adultos se tornarem financeiramente capacitados. Entristece-me ver tantos jovens perdidos e oprimidos por dívidas ou com dificuldade para encontrar um trabalho com um salário decente. Quando o dinheiro estiver em pauta, ofereça-lhes orientação e apoio para traçar um orçamento mensal e um planejamento para despesas inesperadas e para o futuro. Acima de tudo, incentive-os a evitar dívidas desnecessárias no cartão de crédito, uma tendência que, infelizmente, está se tornando uma epidemia entre os universitários e jovens adultos. Não suponha que seus filhos saibam como fazer isso por conta própria ou que tenham aprendido essas difíceis tarefas de vida na escola, pois isso raramente acontece.

Se vocês são pais de um jovem adulto, é importante proporcionar uma visão mais abrangente para seus filhos e lembrar que o mundo era muito diferente na sua juventude. Sem dúvida, o empreendedorismo é uma das megatendências que continuarão a crescer nos próximos anos. É essencial para um jovem aprender habilidades como autossuficiência, inovação e práticas corporativas, que são obrigatórias para lançar e gerenciar com sucesso um negócio. Como a tecnologia e a internet continuarão a se expandir em novas redes sociais, a geração Y, que está conectada por meio da tecnologia, pode muito bem ser a mais adequada para aproveitar esses instrumentos de formas que ainda não podemos imaginar. Com nosso apoio e incentivo, essas ferramentas revolucionárias poderão facilmente começar a criar novas oportunidades de carreira. Sendo assim, estimule e apoie os jovens para acreditar em si mesmos e ajude-os a manter uma visão de crescimento e possibilidades em longo prazo em sua vida e no mundo ao seu redor. Eles precisam muito da sua ajuda e do seu apoio na busca por seu caminho. Afinal, o futuro do mundo depende deles.

Adultos infantis

Estamos vivendo a era da "geração bumerangue", quando, por razões econômicas e pessoais, muitos filhos adultos saem de casa para voltar algum tempo depois. Ou, quando, como o filme *Armações do amor* demonstrou tão bem, os pais não param de cuidar dos filhos crescidos. Isso é mais comum com o arquétipo Mártir e pode causar sérios desafios na relação se um dos parceiros não estiver de acordo com o apoio financeiro a filhos bastante crescidos. Presenciei muitos pais em seus 60 ou 70 anos me ligando e me implorando para ajudar seu filho a se tornar um adulto autossuficiente. A minha resposta na maioria das vezes é que há uma razão pela qual seu filho não se sustenta no mundo real, e essa pode ser você.

Na minha experiência, os padrões em torno desse assunto começam cedo, e pode ser difícil quebrá-los, a menos que os pais definam alguns limites claros. Na maioria das vezes, esses problemas de falta de independência provêm de medos e inseguranças profundas, que podem necessitar de terapia, além de consultoria financeira. Embora possa ser difícil, às vezes temos de entregar nossos filhos ao Espírito e deixá-los se arriscar por conta própria, mesmo que não consigam dar conta. Além disso, o fracasso é nada mais do que a pesquisa que nos ensina o que não funciona. Essas lições podem ser valiosas para aqueles que relutam em crescer. No entanto, se você tem um filho adulto emocional ou mentalmente instável que pode ter dificuldades de cuidar de si mesmo, o melhor é encaminhá-lo para terapia.

Conversando com as crianças sobre problemas financeiros

Problemas financeiros muitas vezes trazem mudanças no estilo de vida que podem ser recebidos com resistência por um ou mais membros da família, incluindo seu parceiro. Em muitos casos, essas modificações chegam com atraso. Por exemplo, nossas crianças de hoje, muitas vezes se sentem no direito de ter tudo o que querem, quando querem, independentemente das circunstâncias financeiras. Como resultado de nossos próprios problemas financeiros não resolvidos na infância, pais frequentemente sucumbem às exigências dos filhos para fugir da culpa, do cansaço, da frustração ou da vergonha. Esse é um desserviço enorme para o pai e a criança. As crianças precisam entender qual é a verdade e que é sábio viver dentro de seus limites. Se você os orienta ou ensina de outra forma, eles provavelmente irão adquirir padrões financeiros negativos e desafiadores também. Você e seu parceiro realmente querem isso para seu filho? Acredito que não.

Apenas porque somos pais e adultos não significa que sempre sabemos o que dizer ou fazer nessas circunstâncias. Preste atenção em seu instinto. Se seu filho está agindo ou se tornando cada vez mais exigente ou mostrando uma atitude de que pensa ter direito a tudo, isso pode ser um sintoma de outras necessidades não satisfeitas ou questões que precisam ser abordadas. No mínimo, esses comportamentos são um sinal de que você pode precisar de ajuda na criação de novas diretrizes e limites para seu filho.

Quando as famílias estão em crise financeira, pode não ser possível contratar alguém para realizar as tarefas de casa. Se este é o seu caso, explique a seus filhos que, à medida que envelhecerem, terão novas responsabilidades – o que acontece com todos e é perfeitamente aceitável. Diga que realizar as tarefas domésticas é um esforço de equipe e parte do que significa ser uma família. Aqui estão algumas razões saudáveis para capacitar seus filhos a ser membros de sua equipe em casa:

- proporcionar-lhes um sentimento de competência;
- fomentar sentimento de orgulho e autoconfiança;
- oferecer-lhes habilidades necessárias para a vida adulta;
- ensiná-los a ser organizados e mais conscientes de seu tempo;
- evitar a impressão de que possuem direitos em excesso, o que é cada vez mais difundido e problemático entre os jovens de nossa sociedade;
- impedir que os subestime.

Preparando seus filhos para ajudar

Sei que pode ser difícil fazer as crianças se sacrificar para ajudar quando os tempos estão difíceis e o dinheiro é apertado. Mas pode ser bom para elas contribuir com as necessidades financeiras da família – dentro do limite razoável, é claro. Aqui estão algumas justificativas saudáveis para incentivar os adolescentes (com idade superior a 14 anos) para encontrar maneiras de ajudar financeiramente. Tomar essa atitude vai proporcionar o seguinte:

- capacitá-los para saber que podem fazer dinheiro por conta própria;
- incentivá-los a ser criativos com seus dons e talentos;
- aumentar a autoestima deles;
- fornecer-lhes experiências valiosas;
- evitar que se sintam vítimas de suas circunstâncias;
- ensinar-lhes o significado e o valor do dinheiro.

Finalmente, o fato de aprender que, se realmente querem algo, eles têm a capacidade de encontrar maneiras de ganhar e criar por si mesmos, pode mudar a vida deles. Sempre cabe lembrar que crianças com menos de 14 anos geralmente não são autorizadas a trabalhar em um emprego formal, nem devem ser. Além disso, o trabalho nunca deve interferir na vida escolar de uma criança. Mas há atividades que qualquer jovem pode realizar depois da escola para juntar algum dinheiro. Bons exemplos incluem passear com o cão, ajudar um vizinho idoso, cuidar de outras crianças, praticar jardinagem, conservar o gramado, pegar recados, ser assistente pessoal ou ajudante da mãe (caso de adolescentes mais velhos que podem dirigir). Apenas certifique-se de que o "trabalho" seja seguro e adequado para a idade e a capacidade de seu filho.

Amar significa abrir-nos para o negativo, assim como para o positivo – para tristeza e decepção, assim como para a alegria, satisfação, e uma intensidade de consciência que não sabíamos possível antes.

— Rollo May, *Amor e vontade*

10 Cocriação de uma relação rica e financeiramente capacitada

Costumo perguntar aos casais com os quais trabalho o que eles acreditam que os faria felizes. Invariavelmente, alguns dizem: "Seríamos muito felizes se fôssemos ricos". No entanto, quando sondo um pouco mais e peço-lhes para me descrever o que significa "ser rico", quase todo casal tem uma imagem diferente. De modo muito claro, o significado de ser rico é subjetivo e tem mais a ver com nosso desejo de ser livre e viver uma vida mais plena. Muitos acreditam que somente os ricos podem se dar ao luxo de dedicar a vida à busca de seu objetivo, de seus sonhos e da felicidade pessoal. Isso só é verdade se você acreditar.

Se você acredita que não pode ter ou fazer alguma coisa (qualquer coisa, na verdade), infelizmente isso se torna um fato consumado, o seu destino. Por isso aconselho você a monitorar seus pensamentos e suspender essa crença errada. Concentre-se em criar o que você quer e acredita ser possível.

Mesmo sabendo que ter um monte de dinheiro é útil nesta jornada humana, descobri que, com paixão e determinação, todos nós somos capazes de viver uma vida rica, independentemente de nossas circunstâncias financeiras. Ao longo dos anos, conheci muitas pessoas que fizeram da vida uma arte. Essas pessoas são dotadas do que chamo de a arte de viver rico. A vida delas é como uma tapeçaria de sua própria invenção, tecido de paixão pela vida e um compromisso em fazer o que amam, sendo prestativas, expressando seus dons e/ou fazendo diferença no mundo. Algumas das atitudes e dos atributos que elas têm em comum são a profunda fé em algo maior do que elas, uma visão, missão e propósito como base, e uma imensa paixão por algo que seja significativo para elas mesmas, suas famílias ou sua comunidade. Essas pessoas vivem de acordo com seus valores, e nunca deixam o fato de ter ou não ter dinheiro impedi-las de ser ou fazer o que pretendem. Por estarem tão dispostas a passar pela vida sem rede de segurança, esses aventureiros não só vivem uma vida rica como às vezes se tornaram ricos também. No entanto, a riqueza financeira nunca foi sua causa, e sim o resultado de seguir sua visão, seus valores e seu propósito. A riqueza que adquiriram foi um bônus por seus esforços, mas sem importância para a jornada.

Cultivando uma vida rica

Viver uma vida rica é muito diferente de ser rico. Vida rica é um estado de espírito e uma maneira de ser, e não o saldo de sua conta bancária. Apesar de você poder tornar-se rico por atingir mais riqueza, isso não é garantia de uma vida verdadeiramente rica. A criação de uma vida assim não significa ter, mas estar. Não é algo que você pode comprar, é algo a se tornar. Às vezes ouvimos histórias de nossos pais ou avós sobre a posse do único bem que tiveram – um espelho de prata, um belo conjunto de porcelana, um carro antigo que eles orgulhosamente poliam nos fins de semana. Esses eram os tesouros que eles valorizaram e apreciaram por anos, não importando quanto dinheiro tinham. É quase improvável que, ao possuir esses tesouros, os proprietários lamentassem o pouco que possuíam. Eles foram absorvidos na alegria do momento. Os tesouros que nos fazem sentir ricos podem não ser objetos materiais. Férias uma vez ao ano na praia, visitas aos entes queridos ou amigos ou simplesmente sair na companhia dos familiares também pode nos dar uma sensação de ter e viver uma vida rica.

Sugiro que você dê a si mesmo mais daquilo que o tem feito se sentir rico ou vivendo uma vida rica. Isso normalmente tem pouco a ver com o que ou quanto você possui – diz respeito ao modo como a experiência faz você se sentir conectado a algo maior do que você mesmo. Esse é o segredo de sentir e de ser verdadeiramente "rico". Quando você percebe que seu espírito está refletido em uma experiência, uma pessoa ou um objeto de que você gosta, tem uma sensação mágica. Ter mais e mais coisas não vai lhe dar essa experiência nem vai torná-lo realmente rico. Aterros sanitários em todos os lugares estão cheios de brinquedos quebrados e abandonados, coisas que nós pensamos uma vez serem necessárias. O que precisamos é nos sentir envolvidos com nossa paixão, com nosso propósito, e que as pessoas se conectem e alimentem nossa vida e nosso espírito de maneiras enriquecedoras. Quando você e seu parceiro descobrirem o que isso significa, certamente serão mais ricos juntos.

Introdução: criando uma nova visão para sua vida

Conforme você cria em conjunto uma vida rica, priorize seu coração em vez de sua carteira, mas faça-o conscientemente. Conheço muitas pessoas ricas que são infelizes e, por outro lado, outros sem riqueza que vivem uma vida verdadeiramente rica. É essencial que você entenda que a criação de riqueza verdadeira é antes de tudo um trabalho interno. *Se você nasceu na pobreza, ou em um berço de ouro, não há limite para o que você pode fazer, sonhar, aprender ou se tornar. Então, o que você está esperando?*

Esteja ciente de que existem alguns riscos antes de dar início a essa nova jornada. Um grande risco é isso nunca acontecer. Ou, quando acontecer, você pode ter se acomodado e não se arriscar. Assim, independentemente do ponto em que esteja sua vida agora, este momento é o momento ideal para tomar as medidas necessárias a fim de criar uma nova visão para sua vida, pessoal e financeira, que seja rica e gratificante. Enquanto não há uma maneira de fazer isso, os exercícios que forneço neste capítulo são um excelente modo de começar. Separe uma tarde ou até mesmo um dia inteiro para concluir este processo em conjunto. É um investimento para a vida, além de divertido, inspirador e capaz de lhes aproximar muito. Registre esse exercício em seu diário. Anote seus pensamentos e sentimentos como eles aparecem. Esse trabalho pode levar à redescoberta de um sonho perdido ou reconectar você a uma paixão que ambos ainda têm muito tempo para desfrutar. Deixe sua imaginação correr livre e descubra aonde ela pode levar você.

Criando seu roteiro de vida rica – comece onde você está

Para criar uma vida rica e financeiramente capacitada com seu cônjuge, você precisa ter claro onde está e do que necessita para a viagem. Abaixo estão alguns passos:

Passo um. Desenhe em uma cartolina branca e grande um ponto vermelho e sobre ele escreva "Você está aqui" e cole uma foto sua e de sua família, se você tiver filhos (ou animais de estimação!). Guarde esse mural por enquanto – você vai precisar dele mais tarde para outro exercício.

Passo dois. Em um pedaço de papel, escreva tudo que está funcionando bem, pessoal e financeiramente. Você pode usar suas listas de gratidão, criadas anteriormente, para começar. Não se esqueça de incluir sua situação financeira atual – qual é a renda mensal de vocês dois, quais são as despesas, qual é o saldo líquido? Dediquem um tempo para analisar juntos a situação, pessoal e financeira do casal. Realizar este exercício é essencial para que vocês descubram como chegar aonde querem. O escritor e filósofo Ayn Rand escreveu: "O dinheiro é apenas uma ferramenta. Ele vai levá-lo aonde você quiser, mas não vai substituir o motorista". Do ponto de vista da consultoria financeira, isso não poderia ser mais verdadeiro. Nem todo o dinheiro do mundo será capaz de levar você aonde quer ir se você não estiver no controle de seus padrões e comportamentos, ou se continuar seguindo pelo mesmo caminho ano após ano. Ser ou tornar-se rico é uma coisa, aprender a ser consciente com relação ao dinheiro é outra. O dinheiro é um meio, mas sem o motorista correto na direção, poucas pessoas chegam aonde esperavam. Cabe a você se tornar o motorista de seus sonhos!

Passo três. Responda as seguintes perguntas:

1. Quais tipos financeiros estão dirigindo sua vida?
2. Qual de vocês está ao volante? O condutor foi escolhido porque o outro não se sente tão confortável ou talvez tão competente como você?
3. O que está impedindo qualquer um de vocês de ser um motorista ou copiloto da vida financeira de vocês?
4. Se de repente ganharem na loteria, algum de vocês estaria preparado para administrar a estrada à frente de sua nova riqueza?
5. Imagine que você acabou de descobrir que está segurando um bilhete premiado de loteria no valor de 3 milhões de reais. Antes de adquirir o prêmio, você deve apresentar um plano a ser aprovado. Escreva o que pretende fazer com o dinheiro e o impacto que isso terá sobre a vida de vocês.

Ativando os tipos financeiros ideais

A crença na "perfeição" do número três e nas coisas que acontecem em três tem sido transmitida através dos tempos. A frase latina *omne perfectum trinum* significa "tudo que se compõe em três é perfeito". Isso também vale para a formação da configuração financeira. Em minhas consultorias, procuro ajudar as pessoas a construir e fortalecer seus tipos Guerreiro, Mago e Criador/Artista, porque juntos eles representam a mais poderosa combinação de arquétipos.

O Guerreiro é o arquétipo da ação e, como tal, representa o aspecto de que você precisa para implementar sua visão. O Guerreiro tem foco, disciplina e determinação para alcançar seu objetivo. Assim, sempre é o melhor arquétipo para estar no comando.

Mesmo com um bom mapa, às vezes, a estrada à frente pode se tornar nebulosa e incerta. Isso requer a fé e a confiança do Mago como copiloto, que detém a chave para o mundo invisível e vai servir como guia e bússola se o caminho for incerto.

Finalmente, você vai precisar do Criador/Artista para inspirar e ajudar a criar sua visão e seu propósito de vida. O Criador/Artista dentro de nós atua como companheiro e guia constante, e nos fornece inspiração e criatividade em nossa jornada.

Quanto aos tipos financeiros mais complicados, como Vítima, Inocente, Louco, Mártir e Tirano, digamos que o melhor é mantê-los no porta-malas! De vez em quando, leve-os à praia e deixe-os brincar por um tempo, mas nunca permita que eles conduzam sua vida financeira, pois tendem a causar conflitos desnecessários e isso pode sabotar seus esforços para chegar ao seu destino.

Exercício

Planejando sua vida – Comece com o fim em mente

Agora que você sabe onde está e quem está dirigindo o carro, é hora de imaginar aonde quer chegar. Afinal, se você não sabe qual é sua meta, como vai reconhecê-la? O objetivo deste exercício é ajudar você a ter clareza sobre a vida que deseja, para assim definir como avança. Comece este processo com o fim em mente.

Ambos devem fechar os olhos e imaginar que estão andando ao longo da margem de um rio magnífico em um belo dia ensolarado. Vocês estão animados com a nova vida juntos. Vocês se sentem felizes e confiam que tudo está se desenrolando perfeitamente. De repente, um barco a remo vermelho aparece do nada e convida-os para subir a bordo. Vocês não sentem medo ou hesitação e calmamente entram no barco, que não tem remos, certos de que ele os levará para seu destino.

Enquanto descem o rio, o sol quente os deixa sonolentos, e vocês decidem se deitar e descansar. O barco suavemente os coloca em um sono profundo, o sono mais profundo que vocês já tiveram. Enquanto dormem, vocês sonham com a vida pela qual esperaram e trabalharam por muitos anos. Quando vocês despertam, dez anos se passaram. O barco foi parar em um barranco, e vocês saem para descobrir que chegaram exatamente aonde sempre esperavam e imaginavam. Todos os sonhos e esforços foram realizados. Respondam a estas perguntas em seu diário.

- Onde vocês estão e o que fazem juntos?
- Como a vida em conjunto evoluiu?

- Que recompensas vocês receberam pela viagem?
- Como vocês sabem que chegaram?

Agora, descrevam um para o outro a vida que cada um imaginou. Se o que vocês imaginaram é muito diferente (o que não é raro), trabalhem juntos para unir o melhor de cada um em uma visão compartilhada, de modo que vocês possam cocriar o que tanto desejam.

Lançando sua visão e seu propósito

Agora que você já imaginou sua vida ideal, é importante ir além de todos os bloqueios ou limitações reais ou percebidos para a criação dessa nova realidade. Manifestar qualquer coisa exige criatividade e compromisso, que são ingredientes essenciais para a mudança de hábitos e crenças ao longo da vida que muitas vezes nos mantêm presos. Compromisso é essencial porque a mudança não acontece magicamente. Criatividade é necessária porque toda mudança requer um novo nível de consciência, e *tudo que é novo começa na imaginação*. Então, se você quer mudar de vida e conquistar fartura, vai precisar se inspirar e usar o que o Espírito lhe deu – e, sim, de um modo *diferente* do que pode ter feito no passado. Isso também exige um compromisso para alterar a forma como você pensa, age e fala em seu dia a dia.

Fixando sua visão por meio de oração, mensagens dirigidas e intenções

Uma ótima maneira de ficar conectado à visão de vida é fixá-la diariamente por meio da oração e/ou de mensagens dirigidas. O propósito é criar e trabalhar suas intenções específicas para a vida que você deseja criar em conjunto com seu parceiro. Suas intenções representam esperanças mútuas, desejos e sonhos. Cada frase é a declaração de um objetivo, resultado ou circunstância que você pretende criar. A chave para esse processo de intenção é fazer declarações ou mensagens dirigidas alinhadas ao propósito, à missão e à visão para a vida de vocês juntos. Seja específico e sempre faça suas declarações no tempo presente. Concentre suas intenções sobre o bem maior de seu relacionamento e de sua família. Aqui está um exemplo:

Mensagem dirigida para criar intimidade financeira

Honramos esse relacionamento e sabemos que nosso amor é o lar sagrado do nosso coração.

Nada é mais importante do que este lar, e prometemos fazer de tudo para proteger e sustentar esse vínculo entre nós.

Escolhemos conscientemente o amor, a bondade e a generosidade para guiar nossos pensamentos e nossas ações.

Usamos o dinheiro como um meio de alcançar nossos desejos e nossas necessidades verdadeiros.

Estamos comprometidos a cocriar uma vida de acordo com nossos verdadeiros valores.

Somos administradores financeiros competentes e capazes, e usamos nossos recursos com sabedoria.

Honramos e respeitamos o dinheiro como uma bênção que recebemos com gratidão.

Experimentamos nossa vida a partir de um lugar de abundância.

Juntos, manifestamos nossa visão, nossa intenção e nosso propósito com facilidade e graça. Que assim seja.

Colagem da manifestação

Agora que vocês criaram sua visão e suas intenções juntos, é hora de colocar isso em uma estrutura visual, fazendo uma "colagem da manifestação". Volte para a cartolina grande que vocês montaram anteriormente e criem a colagem da manifestação com uma imagem que represente visualmente tudo o que vocês desejam que se manifeste em sua vida. Concentrem-se nos aspectos específicos de sua vida que vocês pretendem criar, pessoal e financeiramente. Por exemplo, se gostariam de um novo lar, encontrem fotos de uma casa que represente aquela em que vocês gostariam de viver. Não uma qualquer, mas uma que tenha o estilo, a sensação, a aparência e os aspectos da nova residência que vocês tanto desejam. O segredo é que a sua colagem se pareça, tanto quanto possível, com a visão que têm trabalhado em conjunto para desenvolver. Quanto mais específica, mais incentivo terão para alcançar o resultado desejado. Incluam palavras e imagens que retratem o estilo de vida que tanto desejam: saúde, felicidade, modo de vida correto, família e espiritualidade. Recortem e colem palavras, frases e imagens de revistas e adicionem fotos de família que reflitam cada uma dessas áreas específicas. Concentrem-se apenas no que desejam criar. Cada imagem, palavra ou frase precisa refletir adequadamente sua intenção e seu desejo. Não incluam nada que não desejem de fato criar.

A colagem é um grande processo para ajudá-los, conscientemente, a cocriar a vida rica e capacitada que buscam construir juntos. Depois de concluírem, encapem-na com um papel adesivo transparente e guardem-na em algum lugar em sua casa, juntamente com suas intenções. Trabalhem a oração e as mensagens direcionadas diariamente e comecem a perceber como seu trabalho interior, seu compromisso e suas ações começarão a remodelar sua realidade.

Criando seu plano e sua estratégia de vida

Em seguida, você vai precisar de um plano e uma estratégia específicos para construir a vida que imaginou. Isso significa traçar de modo mais claro o que precisa fazer, e sua estratégia consiste em determinar a melhor maneira para alcançá-lo. O Guerreiro sabe que sem um bom plano e uma estratégia, nossa visão não pode se tornar realidade.

Aqui está a fórmula para manifestar sua visão:

clareza de visão + propósito + intenção +
intenção concentrada + ação correta +
fé + compromisso + confiança =
manifestação de sua nova realidade

Exercício

Seu plano e sua estratégia

Pegue tudo que você trabalhou neste capítulo e aplique neste modelo. Basta escrever as seguintes frases em seu diário e preencher os espaços em branco:

Juntos, esclarecemos a nova visão para nossa vida.

Nossa visão é ____

______________________________.

Nosso propósito coletivo é ____________________________________

____________________________.

Nossas intenções específicas são _______________________________

___________________________.

Nossa atenção será concentrada em ______________________________

_____________________________.

Estamos empenhados em fazer estas ações diárias: ________________

_____________________.

Comprometemo-nos a fazer uma prática espiritual diária que envolve

_______________________.

Direcionamos nossa fé para ______________________ e confiamos que tudo está se desenrolando perfeitamente para nosso bem maior.

À medida que avançarem, permitam que seu Criador/Artista lhe forneça criatividade, visão e inspiração. Convide o Guerreiro para implementar sua visão e suas intenções por meio da atenção concentrada e da ação correta diária. Peça ao seu Mago para ajudá-lo a se manter em seu maior propósito e intenção, para que tudo isso permaneça em equilíbrio. Seu Mago interno vai deixá-lo atento e consciente sobre os velhos padrões que não lhe servem mais e que precisam ser superados e transformados. Juntos, estes representam arquétipos poderosos que, quando equilibrados e em harmonia, têm maior capacidade para manifestar a vida rica e financeiramente capacitada que vocês imaginam juntos. Ao longo do tempo, conforme continuar a fazer este trabalho, você vai começar a dominar tanto o mundo interno quanto o externo, a integração do material com o espiritual, em que percebe que toda a vida é sagrada e conectada com a Fonte.

Criar intimidade financeira é um processo, não uma jornada. Intimidade é gerada ao aprender a ser vulnerável e confiar profundamente. Para ser digno dessa confiança, ambos devem se comprometer com a criação de um domínio da segurança emocional entre vocês, em que o seu eu mais íntimo possa se mostrar plenamente para ser visto e ouvido.

Neste espaço de segurança que criaram, estejam abertos um ao outro em qualquer conversa sobre dinheiro, não importa quão desafiador ou difícil pareça. Lembre-se, as conversas sobre dinheiro podem ainda ser emocionalmente desafiadoras, então use as ferramentas de comunicação saudável que você aprendeu neste livro. Quando se envolver em discussões sobre dinheiro, perceba que seus tipos financeiros estão presentes na conversa. Se um dos arquétipos mais desafiadores estiver dominando, escolha um dos seus mais positivos para entrar em ação. Se você perceber que surgiu um conflito, aceite fazer uma pausa e refletir por um tempo, em vez de reagir, e concorde em retomar a conversa depois.

Aprenda a tratar a intimidade entre vocês como uma requintada peça de cristal fino: sólido e forte em sua essência, mas frágil se não for tratado com cuidado. Reconheça seus esforços conforme avançar, afaste-se dos padrões e comportamentos que não lhe servem mais e se comprometa a construir os benéficos. Respeite, ame e valorize a viagem que estão realizando juntos, pois com fé e confiança tudo vai se ajeitar no tempo. Que a riqueza que você descobrir seja preenchida com tesouros de ambos os mundos, interno e externo. Que o amor e a intimidade financeira floresçam de modo mais completo a cada dia.

Notas

Capítulo 1
Dinheiro: O último tabu

Página 24, Tabu é algo "evitado ou proibido". Cf. FERREIRA, Aurélio Buarque de Holanda. *Dicionário Aurélio Básico da Língua Portuguesa.* Rio de Janeiro: Nova Fronteira, 2000.

Página 25, Carl Jung disse que "todos carregam uma sombra". Cf. JUNG, Carl. *Psicologia e religião*. Petrópolis: Vozes, 1978.

Página 27, "Toda palavra, expressão facial, gesto ou ação" [tradução livre]. Cf. SATIR, Virginia. *The New Peoplemaking*. Palo Alto: Science and Behavior Books, 1988.

Páginas 27-8, "Nove de cada dez ganhadores da loteria gastam ou perdem todo o seu prêmio dentro de cinco anos". Cf. MCNAY, John, apud SEEWER, John. "Mega Millions Jackpot: What to Do after You Win", *Huffington Post*, 29 mar. 2012. Disponível em: <www.huffingtonpost.com/2012/03/29/mega-millions-jackpot-winner_n_1389763.html> (em inglês).

Página 29, "O fenômeno identificado inicialmente por Donald Hebb, um neuropsicólogo canadense". Cf. HEBB, Donald. *The Organization of Behavior: A Neuropsychological Theory*. Nova York: John Wiley, 1949.

Capítulo 3
Seu, meu e nosso: padrões financeiros

Página 46, "Este ciclo, conhecido como a esteira hedonista". Cf. BRICKMAN, Philip; CAMPBELL, Donald T. "Hedonic Relativism and Planning the Good Society", *Adaptation Level Theory: A Symposium*. Nova York: Academic Press, 1971.

Capítulo 5
Gerenciando as conversas sobre dinheiro

Página 92, *Para Bohm:* "Consciência... envolve a conscientização". Cf. BOHM, David. A totalidade e a ordem implicada. São Paulo: Cultrix, 1980.

Página 94, Valorização é "o reconhecimento da qualidade, valor, importância, ou magnitude de coisas e pessoas". Cf. FERREIRA, Aurélio Buarque de Holanda. *Dicionário Aurélio Básico da Língua Portuguesa*. Rio de Janeiro: Nova Fronteira, 2000.

Capítulo 7
Superando desafios e dificuldades financeiras

Página 118, Leia este belo poema chamado "Oração", de Charles Elkind. Disponível em: <www.charliescards.com/poetrypage3.html>.

Página 121, "De acordo com um relatório de 2010 do Federal Reserve Bank." *The Survey of Consumer Payment Choice*. Federal Reserve Bank of Boston, 2012.

Capítulo 10
Cocriação de uma relação rica e financeiramente capacitada

Página 156, "Ayn Rand escreveu: "O dinheiro é apenas uma ferramenta". RAND, Ayn. *A revolta de Atlas*. São Paulo: Sextante, 2010.

Este livro foi impresso pela
Assahí Gráfica em papel *norbrite plus* 66,6 g.